Regards sur les Jeux paralympiques de Paris 2024

Dans la même collection au cherche midi :

Regards sur le handicap et le sport, sous la direction de Philippe Fourny avec les regards croisés de Marie-Amélie Le Fur et Thierry Rey, 2022.

Regards sur la cuisine et le handicap, sous la direction de Philippe Fourny avec les regards croisés de Grégory Cuilleron et Guillaume Gomez, préface de Périco Légasse, 2023.

Conception graphique : Franck Desplats
Iconographie : Kevin Therenty

Vous pouvez consulter notre catalogue général
et l'annonce de nos prochaines parutions sur notre site :
www.cherche-midi.com

92, avenue de France
75013 Paris

info@lisez.com

Regards sur les Jeux paralympiques de Paris 2024

Sous la direction de **Philippe Fourny**

Préface du professeur **François Genêt**

Avec les regards croisés
de **Marie-Amélie Le Fur** et **David Lappartient**

le cherche midi

Sommaire

Regards sur les acteurs

Et après

Préface

Par le professeur François Genêt

Des Jeux qu'on n'oubliera pas de sitôt !

Que d'émotions ! Que de spectacles ! Que de surprises ! Et quelle organisation ! Les superlatifs n'ont cessé de pleuvoir durant et après les Jeux paralympiques de Paris 2024. Cette édition dans notre belle capitale a, bien sûr et avant tout, bénéficié d'un cahier des charges bien pensé et de la vague très positive du grand frère Jeux olympiques achevés quinze jours plus tôt... En effet, sous le charme et l'excitation des Jeux olympiques, le public en a demandé encore et s'est ensuite passionné pour les paralympiens, leurs disciplines et leurs capacités hors normes, leurs performances bien au-delà de ce que tout un chacun peut réaliser sans handicap ! De réels sportifs de haut niveau... ambassadeurs du handicap dans toutes ses dimensions et dans ce qu'il a de plus positif.

Le public a ainsi pu découvrir des sports qui respectent quasiment les mêmes règles et prérogatives que les sports olympiques plus connus de la population générale (le parajudo, le para-aviron, etc.), mais aussi des sports adaptés (le rugby fauteuil, le basket fauteuil, etc.) et des sports créés spécifiquement pour la population vivant avec un handicap (la boccia, le goalball). Une vraie introduction au parasport, qui nous incite à nous intéresser aux autres – très nombreuses – disciplines qui ne participent pas aux Jeux paralympiques, mais qui sont tout de même représentées dans des compétitions nationales et internationales, telles que le rugby fauteuil à 8, le parasurf, la paravoile, ou encore le paragolf.

Et pour les personnes en situation de handicap ?

La fête fut belle, très belle. La dimension de la réussite a presque fait oublier les inévitables et rares couacs dont ont pu

◄ Cérémonie d'ouverture des Jeux paralympiques sur la place de la Concorde à Paris, le 28 août 2024.

souffrir certains spectateurs en situation de handicap, luttant pour l'accès aux infrastructures, ainsi que la sous-représentation de cette population sur les sites de compétition. En effet, sa présence dans les salles et stades, pour vivre l'événement en réel, n'était pas aussi massive que nous l'avions prévu, probablement par appréhension liée aux difficultés de déplacement parmi la foule. En effet, le handicap, c'est surtout la restriction de mobilité, avant le défaut d'accessibilité. Évidemment, il faut ajouter à cela l'exceptionnelle couverture médiatique, et notamment télévisuelle, qui a pu inciter certains à rester chez eux plutôt que de tenter l'aventure d'un déplacement compliqué.

Finalement, quel héritage ?

Au lendemain des Jeux, on peut se poser la question de l'« héritage » de ces Jeux paralympiques, dont on semble avoir plus parlé avant qu'après... Il était évidemment illusoire de penser que les Jeux paralympiques puissent avoir un quelconque retentissement à court terme sur les difficultés rencontrées au quotidien par l'ensemble de la population en situation de handicap, champions médaillés d'or inclus. En effet, il paraît tout d'abord légitime que ce ne soit pas le rôle des organisateurs des Jeux de résoudre ces problèmes, et ce d'autant que le retard accusé est trop long à compenser, le service de certains passant souvent après celui du plus grand nombre dans l'arbitrage politique. À presque vingt ans de la très ambitieuse Loi pour l'égalité des droits et des chances, la participation et la citoyenneté des personnes handicapées du 11 février 2005, on sait désormais que ce chantier impose un investissement massif sur un temps long, très long, comme celui engagé pour la dépollution de la Seine...

Un héritage immatériel précieux

L'héritage le plus manifeste de ces Jeux est sûrement la prise de conscience de la population générale de ce qu'est le handicap dans sa dimension la plus intime, celle qui a été affichée, rendant à ces femmes et ces hommes leurs lettres de noblesse... On dit souvent que le plus dur à vivre pour une personne handicapée, ce n'est pas la déficience, la limitation d'activité ou la restriction de participation dans la société, mais le regard de l'autre. Et c'est à cela que nos Jeux paralympiques et nos para-athlètes se sont finalement attaqués avec succès : normaliser le regard, laisser à l'autre, quelle que soit sa condition, la possibilité d'exprimer une compétence qui peut être supérieure à la sienne, de développer un potentiel caché.

C'est peut-être à partir de cette réflexion que l'héritage doit maintenant se construire. N'imposons pas aux Jeux paralympiques une mission qui n'est pas directement la leur et qu'il leur est impossible d'atteindre. Poursuivons nos efforts afin de partager et dérouler nos idées, et construisons une vraie cité du « vivre ensemble ». C'est maintenant à nous de nous approprier cette mission, de travailler en multidisciplinarité (associations de patients et d'usagers, métiers du sport, de la santé, du social, de l'ingénierie, les territoires, les industriels, etc.) afin de créer une dynamique croisée, respectueuse, laissant sa place à chacun et proposant des solutions pratiques pour embarquer la population en situation de handicap dans la pratique d'une activité physique. Cela doit passer par la clarification de la filière de mise en capacité et du suivi; pour la personne en situation de handicap et ses accompagnants, par la facilitation de l'accès aux infrastructures, dont le maillage ne peut être que local; par le développement de la formation des professionnels du sport et de la santé; par la résolution politique des surcoûts engagés pour cette pratique, et notamment par l'obtention du « zéro reste à charge » du grand appareillage orthopédique externe pour le sport; et enfin, par le développement d'une recherche clinique et technologique de haut niveau car, comme cela s'est souvent produit, ce que l'on invente pour un cas particulier peut facilement bénéficier au plus grand nombre. Au lendemain de ces Jeux, cet événement planétaire exceptionnel nous donne donc l'opportunité de développer nos ambitions – dont celle que j'ai contribuer à faire naître – portées depuis longtemps au sein de la Fondation Institut Parasport & Santé (IPS).

Ce livre, à l'initiative de Philippe Fourny, d'une très grande richesse, doit nous permettre de nous souvenir de ce que cet événement a fait résonner en nous et de cette force que nous portons tous désormais. Elle se nourrit des réflexions des auteurs de ce livre, leurs retours et commentaires autour de nos deux prestigieux guides, Marie-Amélie Le Fur, présidente du Comité paralympique et sportif français, et David Lappartient, président du Comité national olympique et sportif français. Merci à eux, merci aux paralympiens, merci aux organisateurs des Jeux paralympiques, quels que soient leur implication ou leur rôle pendant cette quinzaine historique. Bonne lecture.

Avant-propos

Porter un regard neuf

Par Philippe Fourny
directeur de la collection « Regards sur… »

Pour ce troisième numéro de la collection « Regards sur… », après *Regards sur le handicap et le sport* et *Regards sur la cuisine et le handicap*, nous ne pouvions nous détourner du grand spectacle planétaire que sont les Jeux paralympiques. Légitimement très attendus par les acteurs de cet événement ainsi que par leurs proches et encadrants, ils font également souvent l'objet d'une pensée magique qui leur prête des effets quasi révolutionnaires sur la société française. Comme souvent, la réalité se situe à mi-chemin. C'est cet état des lieux par points de vue que nous vous proposons de partager dans cet ouvrage qui, après un rappel de l'origine des Jeux paralympiques, fait la chronique de leur organisation et de leur déroulement dans la Ville lumière en 2024, avant de s'intéresser à leur impact sur les territoires, sur l'image même du handicap et sur l'accompagnement médical et sportif des personnes en situation de handicap.

Si cet incroyable spectacle n'a duré qu'une dizaine de jours, du 28 août au 8 septembre, ses effets à long terme font l'objet d'une attente et d'une attention particulières. C'est ce qu'il est convenu d'appeler l'« héritage des Jeux ». La présidente du Comité paralympique et sportif français (CPSF), Marie-Amélie Le Fur, et le président du Comité national olympique sportif français (CNOSF), David Lappartient, tous deux nos invités d'un « Regards croisés » au sommet, ne disent pas autre chose en insistant sur l'effet transformateur de ces olympiades particulières.

Pour ma part, j'ai joué le spectateur lambda qui se laisse porter par les événements auxquels il assiste. Mon regard a été

◀ Le public de l'Arena Champ-de-Mars, le 7 septembre 2024.

subjugué à chaque fois par les exploits qu'il m'était donné de voir. Communiant avec un public souvent très nombreux, je me suis laissé porter par le spectacle du dépassement de soi, de ses limites et de son handicap. Que le handicap soit invisible, comme pour le paracyclisme, ou très visible, comme pour la paranatation, que la discipline soit peu spectaculaire, comme la boccia, ou très spectaculaire, comme le rugby fauteuil, peu importe : j'ai été chaque fois embarqué dans l'univers du dépassement absolu des limites et des a priori. Et cela m'a fait un bien infini. C'est aussi cette sensation que cet ouvrage voudrait vous faire partager.
Bon voyage !

"Communiant avec un public souvent très nombreux, je me suis laissé porter par le spectacle du dépassement de soi, de ses limites et de son handicap.

L'athlète américaine Beatriz Hatz court le 200 m femmes : elle remporte la médaille de bronze.

PARIS 2024

Regards sur l'événement

Les Jeux paralympiques : une épopée de détermination et d'inclusion

Par Kevin Therenty

L'histoire des Jeux paralympiques est une histoire de courage, de persévérance et de lutte pour la reconnaissance et l'égalité. Grâce à la vision et à la détermination de pionniers comme sir Ludwig Guttmann, les Jeux paralympiques sont devenus un symbole mondial de la capacité humaine à surmonter les obstacles et à atteindre l'excellence. Ils ont transformé la manière dont sont perçues les personnes en situation de handicap et continuent aujourd'hui de croître en stature et en influence, offrant une opportunité de célébrer la diversité et de promouvoir l'inclusion dans le sport et au-delà.

Les débuts inspirants

Les Jeux paralympiques n'auraient peut-être jamais vu le jour sans les performances inspirantes d'athlètes tels que George Eyser, Olivér Halassy ou encore Károly Takács.

Premier athlète équipé d'une jambe artificielle à participer à des épreuves olympiques, le gymnaste germano-américain George Eyser remporte pas moins de six médailles lors des Jeux olympiques de Saint-Louis, en 1904. Vingt-huit ans plus tard, le Hongrois Olivér Halassy, amputé du pied gauche, gagne avec son équipe la médaille d'or de water-polo à Los Angeles. C'est un autre athlète hongrois qui se distingue lors des Jeux olympiques de Londres, en 1948 : Károly Takács, amputé d'une main à la suite de l'explosion d'une grenade, participe aux épreuves de tir en utilisant sa main non dominante. Il réussit

▲ Les logos des Jeux olympiques et paralympiques s'affichent sur le parvis de l'Hôtel de Ville à Paris.

non seulement à remporter la médaille d'or, mais aussi à établir un nouveau record du monde. Lors des Jeux d'Helsinki, en 1952, Takács réitère l'exploit, prouvant que la volonté et la persévérance peuvent surmonter les obstacles physiques.

L'essor des Jeux de Stoke Mandeville

Tandis que ces athlètes s'illustrent par leurs performances, l'idée d'intégrer les personnes en situation de handicap dans les compétitions sportives germe dans l'esprit de sir Ludwig Guttmann, le père des Jeux paralympiques.

Ce neurologue allemand, fuyant l'Allemagne nazie, s'installe en 1939 en Grande-Bretagne, dans la ville de Stoke Mandeville, où il fonde un centre médical pour les blessés de guerre atteints à la moelle épinière. Convaincu de l'importance de l'activité physique dans le processus de guérison, il met au point des thérapies par le sport et commence à s'intéresser au modèle olympique. Guttmann voit dans ces Jeux la plateforme dont il a besoin pour démontrer le rôle déterminant que le sport peut jouer dans la réhabilitation et l'intégration sociale des personnes en situation de handicap.

En 1948, il organise à Stoke Mandeville les premiers jeux destinés aux sportifs en fauteuil ou amputés. Si l'événement attire l'attention, les efforts pour obtenir la reconnaissance et le soutien nécessaires de la part des instances olympiques restent infructueux. Malgré les obstacles, Guttmann poursuit inlassablement son objectif de transformer ces compétitions en un événement mondial.

La bataille pour la reconnaissance internationale

Lors des Jeux de Stoke Mandeville de 1951, Guttmann rend public ce projet audacieux: faire de cette compétition une manifestation internationale de l'envergure des Jeux olympiques, en l'organisant dans la même ville et à la même période que ces derniers. Apparaît alors l'expression « Jeux paralympiques » qui, avec le préfixe « para », signifie littéralement « à côté des olympiques ». Elle illustre ainsi la volonté de Guttmann d'en faire un événement parallèle et complémentaire.

C'est à Rome, en 1960, qu'est franchie la première grande étape vers la reconnaissance internationale des Jeux paralympiques. Grâce au soutien de la World Veterans Foundation et de l'Institut national d'assurance contre les accidents du travail et les maladies professionnelles (Inail) italien, Guttmann parvient pour la première fois à les organiser immédiatement après les Jeux olympiques. Mais bien que le Comité international olympique (CIO) ait consenti à prêter le village olympique pour l'événement, aucune aide financière n'est accordée et les infrastructures ne sont pas adaptées aux besoins des personnes en fauteuil roulant. Cette situation marque le début d'un bras de fer de longue haleine avec les instances olympiques pour que les Jeux paralympiques bénéficient de la même reconnaissance et du même soutien que les Jeux olympiques.

En 1964, les Jeux paralympiques de Tokyo sont un succès, grâce à l'appui financier de la famille impériale japonaise, qui compense le manque de soutien du Comité olympique. Cependant, quatre ans plus tard, Mexico refuse catégoriquement d'accueillir les Jeux paralympiques, invoquant des contraintes logistiques et financières. Ils auront lieu tout de même, grâce à la détermination des organisateurs et au soutien de l'association israélienne pour les enfants handicapés ILAN, mais se tiendront à Tel-Aviv.

▼ Statue de sir Ludwig Guttmann à l'hôpital de Stoke Mandeville.

> Sir Ludwig Guttmann voit dans les compétitions internationales une vitrine pour défendre le parasport.

Andrew Parsons et Tony Estanguet lors de la cérémonie d'ouverture des Jeux paralympiques, le 28 août 2024.

> Les compétitions pour personnes en situation de handicap sont l'incarnation même de l'idéal olympique de Pierre de Coubertin.

Nouvel obstacle, en 1972, lors des Jeux olympiques de Munich : le Comité olympique ne prévoit aucun aménagement pour les Jeux paralympiques, ce qui contraint les organisateurs à les déplacer à Heidelberg. Ce manque de considération pour les athlètes handicapés renforce la détermination de Guttmann et de ses collègues.

L'émergence d'une reconnaissance officielle

En 1975, lord Killanin, alors président du Comité international olympique, reconnaît officiellement les Jeux paralympiques, mais exprime des réserves quant à leur tenue concomitante avec les Jeux olympiques et à l'utilisation du terme « olympique » pour les désigner. Cette déclaration est mal accueillie par le camp Guttmann, qui souligne notamment que les compétitions pour personnes en situation de handicap sont l'incarnation même de l'idéal olympique de Pierre de Coubertin, centré sur l'inclusion et l'égalité des chances.

Le chemin à parcourir est encore long avant d'obtenir une véritable reconnaissance. En 1976, à Montréal, le CIO déclare en effet ne pas disposer des ressources nécessaires pour soutenir l'organisation des Jeux paralympiques, qui se tiennent néanmoins grâce à l'aide du gouvernement canadien. En 1980, Moscou, la ville hôte des Jeux olympiques, refuse catégoriquement d'organiser ou même de reconnaître les Jeux paralympiques, qualifiés de « pseudo-Jeux olympiques pour personnes en situation de handicap ». Les Jeux paralympiques sont donc organisés cette année-là à Arnhem, aux Pays-Bas.

Avant les Jeux de 1984, à Los Angeles, la similitude des logos des Jeux olympiques et paralympiques a suscité un intense débat. Le président du CIO, Juan Antonio Samaranch, apaise alors les tensions en déclarant que l'utilisation de cette identité visuelle n'est pas un problème. Cette affirmation marque un tournant positif, renforcé par une avancée significative lors des Jeux paralympiques d'hiver d'Innsbruck, en Autriche, au cours desquels une course de ski pour personnes en situation de handicap est organisée pour la première fois.

Le moment tant attendu arrive en 1988, lors des Jeux olympiques de Séoul. Le Comité olympique reconnaît officiellement les Jeux paralympiques : l'aboutissement de quarante années de lutte pour les partisans de Guttmann – lui-même, décédé huit ans auparavant, n'aura pas eu l'occasion de voir son rêve se concrétiser. En 2000, il est décidé que le Comité paralympique siégera désormais au sein du Comité olympique, participant ainsi aux prises de décisions stratégiques et budgétaires.

L'impact durable et la philosophie des Jeux paralympiques

Lors des Jeux olympiques de Londres, en 2012, la création des mascottes Mandeville et Wenlock illustre la connexion historique et philosophique entre les mouvements olympique et paralympique. Wenlock fait référence à la ville du même nom, où étaient organisés les Wenlock Olympian Society Annual Games, qui inspirèrent le baron de Coubertin ; le nom de Mandeville a quant à lui été choisi en hommage à la première pierre des Jeux paralympiques posée à Stoke Mandeville par Ludwig Guttmann. Ces deux mascottes, symboles des pères fondateurs de l'olympisme et du paralympisme, actent définitivement l'union des deux compétitions.

“ Les valeurs des Jeux paralympiques – détermination, égalité, inspiration et courage – reflètent l'essence même de l'esprit olympique.

Les Jeux paralympiques, désormais reconnus internationalement, ont non seulement démontré la capacité des personnes en situation de handicap à exceller dans le sport, mais également contribué à changer les perceptions. Les valeurs des Jeux paralympiques – détermination, égalité, inspiration et courage – reflètent l'essence même de l'esprit olympique : promouvoir, au-delà des simples performances sportives, une société plus inclusive et plus égalitaire.

Alexis Hanquinquant et Nantenin Keïta
portent la flamme paralympique, le 28 août 2024.

ottobock.

Un mctch de volley assis organisé sur la place de la République lors de la journée paralympique du 8 octobre 2023.

Une vision devenue réalité

Par Mathilde Barbier

Fruit d'un long processus entamé dès 2018, Paris 2024 a depuis l'origine été porté par une vision d'inclusion et d'égalité, et par la volonté d'organiser une célébration d'une portée inédite. Pari réussi : avec Paris 2024, c'est une nouvelle page de l'histoire des Jeux olympiques qui s'écrit.

De la conquête…

L'histoire de Paris 2024 commence avec Bernard Lapasset. En 2012, il devient président du Comité français du sport international (CFSI), qui coordonne les relations internationales du sport français et prépare la candidature de Paris aux Jeux de 2024. Aux côtés de Tony Estanguet, il copréside le Comité de candidature; il est ensuite nommé président d'honneur du Comité d'organisation dès 2018.

Le 12 février 2015, à l'hôtel de Ville de Paris, les travaux et conclusions de l'étude d'opportunité sont présentés devant 200 personnalités influentes. La candidature de Paris est officiellement annoncée le 23 juin suivant, lors de la Journée olympique, par l'association Ambition olympique et paralympique, dirigée par Lapasset. Cette initiative rassemble le Comité national olympique et sportif français (CNOSF), la Ville de Paris, la Région Île-de-France et l'État.

La révélation du logo de Paris 2024, qui combine la silhouette de la tour Eiffel et le chiffre 24, a lieu le 9 février 2016, avec l'illumination de l'Arc de triomphe aux couleurs des Jeux olympiques. Rapidement primé par le grand prix Stratégies du design 2016, il marque les esprits.

La compétition s'intensifie en 2016, lorsque cinq villes se déclarent officiellement candidates: Paris, Budapest, Hambourg, Los Angeles et Rome. Le Comité international olympique leur impose de présenter un dossier exigeant en trois parties, présentant leur vision et leur conception des Jeux, les modalités de gouvernance, de financement et de réalisation, ainsi que la manière dont ils envisagent l'héritage des Jeux.

Quelques mois seulement après les attentats de novembre 2015, les inquiétudes sécuritaires ne freinent pas la détermination du président de la République, François Hollande, et de la délégation de Paris 2024 : le 5 août 2016, ils affirment que « renoncer aux Jeux serait céder au terrorisme ». La campagne internationale de Paris 2024 est lancée le 3 février 2017, jour de la remise du troisième et dernier dossier de candidature au CIO de Lausanne. Le slogan accrocheur « *Made for Sharing* » est alors révélé au monde entier.

En mai 2017, la Commission d'évaluation du CIO visite Los Angeles et Paris, pesant soigneusement les deux propositions. C'est alors que germe l'idée d'un accord tripartite entre le CIO, Paris et Los

▲ Le 23 juin 2015, à l'occasion de la Journée olympique 2015, l'association Ambition olympique et paralympique, présidée par Bernard Lapasset, annonçait la candidature officielle pour accueillir les Jeux olympiques et paralympiques d'été 2024.

> Un slogan accrocheur pour Paris 2024 : « Made for sharing ».

Angeles, fondé sur une double attribution des Jeux olympiques de 2024 et 2028.

Enfin, c'est lors de la 131e session du Comité international olympique à Lima, le 13 septembre 2017, que Paris est officiellement désignée pour accueillir les Jeux olympiques et paralympiques de 2024. Au terme d'une campagne de plus de deux ans, l'organisation des Jeux peut enfin commencer.

… à l'organisation

Si Paris 2024 se distingue des Jeux précédents de bien des manières, cette édition se démarque notamment en plaçant l'égalité et l'inclusion au cœur de ses priorités. Pour la première fois dans l'histoire des Jeux olympiques, la parité parfaite entre hommes et femmes est atteinte. Bien que la capitale française ait déjà été l'hôte des Jeux olympiques à deux reprises, c'est la première fois qu'elle accueille les Jeux paralympiques. Paris 2024 porte la même ambition pour les Jeux paralympiques que pour les Jeux olympiques, qu'elle prévoit d'organiser sur les mêmes sites iconiques, avec un cahier des charges similaires. Par ailleurs, l'emblème de Paris 2024 associe trois symboles forts : la médaille d'or, la flamme olympique et paralympique, et Marianne. La torche des Jeux olympiques a été rallumée pour les paralympiques ; elle représente l'égalité et l'ambition partagées.

Des Jeux pour les athlètes, pensés par les athlètes, voilà l'essence du projet Paris 2024. La Commission des athlètes compte 19 membres, tous olympiens et paralympiens, qui travaillent avec le Comité d'organisation. Leur tâche est d'offrir une expérience optimisée aux sportifs du monde entier, en concevant ensemble le village des athlètes, en mobilisant leurs homologues à l'international, en participant à la conception de certains des plus grands symboles de Paris 2024, comme les médailles, et en contribuant à engager le grand public dans l'aventure.

Dès 2019, Paris 2024 a mis en place le label « Terre de Jeux », un dispositif unique qui vise à engager les collectivités territoriales, les fédérations sportives et les ambassades de France pour permettre aux territoires de vivre l'aventure des Jeux. La Journée paralympique du 8 octobre 2023, en présence du président de la République, a permis de faire découvrir les sports paralympiques et leurs athlètes au grand public, changeant le regard sur le handicap.

La cérémonie d'ouverture des Jeux paralympiques s'est tenue pour la première fois hors des stades, en plein cœur de Paris, tout comme celle des Jeux olympiques. Le village olympique et paralympique, situé en Seine-Saint-Denis, est entièrement accessible aux personnes en situation de handicap, accueillant des milliers d'athlètes dans des logements adaptés.

Le 10 août 2024, le Marathon pour tous a réuni 40 048 coureurs amateurs, leur permettant de suivre les traces des athlètes olympiques en parcourant le même trajet, illustrant parfaitement le slogan « Ouvrons grand les Jeux ».

En somme, les Jeux de Paris 2024 ne sont pas seulement une célébration sportive, mais un projet ambitieux qui met en avant l'égalité, l'accessibilité et l'engagement communautaire dans le but de marquer l'histoire et les esprits. Paris 2024, c'est Paris qui ouvre ses portes au monde entier.

▼ Lors de la cérémonie de clôture du 8 septembre 2024, la maire de Paris Anne Hidalgo remet le drapeau paralympique au président de l'IPC, Andrew Parsons, qui le transmet à la maire de Los Angeles, Karen Bass.

La délégation française, décorée de nombreuses médailles, célèbre ses performances lors de la cérémonie de clôture des Jeux paralympiques au Stade de France, le 8 septembre 2024.

Disciplines, lieux et résultats

Par Mathilde Barbier

Les Jeux paralympiques de Paris 2024 marquent un tournant historique pour le mouvement paralympique. Alors que les premiers Jeux paralympiques, tenus à Rome en 1960, ne comptaient que 8 disciplines pour 400 athlètes, ceux de Paris rassemblent aujourd'hui plus de 4 400 athlètes, venus de tous horizons pour concourir dans 23 sports : basket fauteuil, boccia, escrime fauteuil, cécifoot, goalball, para-athlétisme, para-aviron, parabadminton, paracanoë, paracyclisme sur route, paracyclisme sur piste, para-équitation, para développé-couché, parajudo, paranatation, parataekwondo, paratennis de table, paratir à l'arc, paratir sportif, paratriathlon, rugby fauteuil, tennis fauteuil, volleyball assis.

Les disciplines

Si la plupart des disciplines sont à la fois olympiques et paralympiques, deux d'entre elles n'ont pas leur équivalent aux Jeux olympiques : la boccia et le goalball.

La boccia, qui signifie « boule » en italien, est un sport de précision pratiqué par des athlètes en fauteuil roulant présentant une sévère limitation des fonctions motrices. Ce sport a une longue histoire, ses premières formes remontant à la Grèce et à l'Égypte antiques, où les joueurs lançaient des pierres en direction d'une cible. Aujourd'hui, les athlètes utilisent des balles en cuir et cherchent à placer leurs six balles le plus près possible d'une petite balle appelée « jack ».

Le goalball, quant à lui, est un sport collectif inventé après la Seconde Guerre mondiale pour la rééducation des soldats ayant perdu la vue. Il est réservé aux personnes déficientes visuelles. Le but du jeu est de marquer le plus de points possible en deux mi-temps de douze minutes en faisant rouler le ballon dans les cages adverses. Pour mieux entendre le déplacement du ballon, les spectateurs doivent faire vœu de silence : la balle contient des grelots qui permettent de signaler sa position. Des masques opaques garantissent une équité parfaite entre les joueurs, qui ne présentent pas toujours les mêmes niveaux de déficience visuelle.

Les sites de compétitions : un cadre spectaculaire

Paris a mis en scène ses monuments les plus emblématiques pour accueillir les compétitions paralympiques, offrant aux athlètes des arènes aussi prestigieuses que variées. Voici quelques-uns des sites marquants de ces Jeux.

L'Arena Champs-de-Mars a accueilli les compétitions de rugby fauteuil et de parajudo. Les Invalides, lieu chargé d'histoire, ont accueilli les épreuves de paratir à l'arc, tandis que le mythique stade Roland-Garros a vu s'affronter les champions de

Des sites exceptionnels pour des Jeux paralympiques en grand :
à gauche, une épreuve de paradressage dans les jardins du château de Versailles ;
à droite, un combat de parataekwondo sous la coupole du Grand Palais.

tennis fauteuil. Le pont Alexandre-III a quant à lui été transformé en arène urbaine pour le paratriathlon, offrant un cadre magnifique et unique à cette discipline. L'Arena de Bercy a accueilli des matchs de basket fauteuil, un des sports les plus populaires des Jeux. Enfin, le château de Versailles a accueilli les épreuves de para-équitation, et la base nautique de Vaires-sur-Marne les épreuves d'aviron et de canoë.

Le déroulement des Jeux paralympiques dans l'ensemble de ces sites a permis une rencontre unique entre le sport et l'histoire.

Les résultats

La France se classe fièrement en 8e position, avec un total de 75 médailles : 19 en or, 28 en argent et 28 en bronze. Nos athlètes ont brillé dans 15 disciplines, et certains noms ressortent avec des performances exceptionnelles.

Le paracyclisme, en particulier, s'est avéré être le domaine de prédilection des Français, qui ont raflé pas moins de 28 médailles dans cette discipline ! Sur la piste, Alexandre Léauté, Dorian Foulon et Marie Patouillet ont chacun décroché une médaille d'or. La collection est complétée par 2 médailles d'argent pour Marie Patouillet et Heïdi Gaugain, puis 2 médailles de bronze pour Gatien Le Rousseau et Alexandre Léauté.

Sur route, les cyclistes français ont continué leur razzia, avec 7 médailles d'or pour Mathieu Bosredon, Kévin Le Cunff, Florian Jouanny, Thomas Peyroton-Dartet,

Alexandre Léauté, et un relais mixte victorieux. S'ajoutent à ce palmarès 10 médailles d'argent pour Johan Quaile, Loïc Vergnaud, Gatien Le Rousseau, Élie de Carvalho, Heïdi Gaugain, Thomas Peyroton-Dartet, Kévin Le Cunff, et 4 de bronze pour Florian Jouanny, Dorian Foulon, Alexandre Léauté, Alexandre LLoveras. Belle moisson pour nos cyclistes !

En paranatation, Ugo Didier a brillé avec une médaille d'or et 2 d'argent. Sa compatriote Émeline Pierre n'est pas en reste, remportant l'or et le bronze. Alex Portal, quant à lui, s'est illustré avec 3 médailles d'argent et une de bronze, sans oublier Hector Denayer et Laurent Chardard, qui ont complété ce succès collectif avec des médailles d'argent et de bronze.

Le para-athlétisme a également offert de beaux moments, avec notamment Timothée Adolphe, qui s'est distingué dans les épreuves de sprint, remportant 2 médailles d'argent. Gloria Agblemagnon, au lancer de poids, a également décroché l'argent, tandis qu'Antoine Praud (1500 mètres) et Manon Genest (saut en longueur) se sont emparés du bronze.

En para-aviron, grâce à Nathalie Benoît et à l'équipe de France, 2 médailles de bronze ont été ajoutées au tableau.

Les épreuves de paracanoë ont distingué Nélia Barbosa avec une médaille d'argent, tandis que Rémy Boullé a raflé une médaille de bronze.

En parabadminton, Lucas Mazur et Charles Noakes ont remporté 2 médailles d'or, tandis que Mazur et Faustine Noël ont obtenu une médaille de bronze en épreuve mixte.

Côté parajudo, Sandrine Martinet et Hélios Latchoumanaya ont tous deux décroché l'argent, tandis que Cyril Jonard et Jason Grandry ont complété la récolte avec 2 médailles de bronze.

En paratennis de table, Lucas Didier a décroché l'argent, tandis que Fabien Lamirault, Matéo Bohéas, Julien Michaud, Clément Berthier, Esteban Herrault, Florian Merrien et Flora Vautier ont remporté pas moins de 5 médailles de bronze.

Concernant le paratir sportif, Tanguy de La Forest a ajouté à son palmarès une médaille d'or et une médaille d'argent, et Jean-Louis Michaud a également décroché l'argent.

En boccia, Aurélie Aubert a remporté une médaille d'argent.

L'escrime fauteuil a également vu l'équipe de France monter sur le podium avec une médaille de bronze.

En parataekwondo, Djelika Diallo a remporté une médaille d'argent.

En cécifoot, notre équipe s'est imposée avec brio en remportant l'or.

Enfin, les paratriathlètes français se sont aussi illustrés, notamment Jules Ribstein et Alexis Hanquinquant avec 2 médailles d'or, suivis par une médaille d'argent pour Thibaut Rigaudeau et une de bronze pour Antoine Pérel.

Les athlètes paralympiques français ont fait preuve d'un esprit de compétition remarquable, notamment dans le paracyclisme, consacrant la France comme une nation incontournable dans le domaine paralympique. Ces 75 médailles sont autant de symboles de résilience, de courage et de talent. Bravo à tous nos champions !

> « La France se classe fièrement en 8e position, avec un total de 75 médailles : 19 en or, 28 en argent et 28 en bronze.

▶ De gauche à droite et de bas en haut : Alexandre Léauté, Lucas Mazur, Tanguy de La Forest, Aurélie Aubert, Clémence Delavoipière, Tidiane Diakité, Nélia Barbosa, Hélios Latchoumanaya.

PARIS 2024

1111
PARIS 2024

5
BARBOSA N.
FRA

La paratriathlète Mona Francis, le 2 septembre 2024, devant l'Assemblée nationale.

ASSEMBLEE NATIONALE
7
NG POINT
RASSEMBLEMENT
www . sodirel . com
04 90 11 16 00

Le paramarathon, commencé au parc Georges-Valbon à La Courneuve, a traversé certains des plus beaux sites de Paris et de ses alentours.

Regards sur les impacts

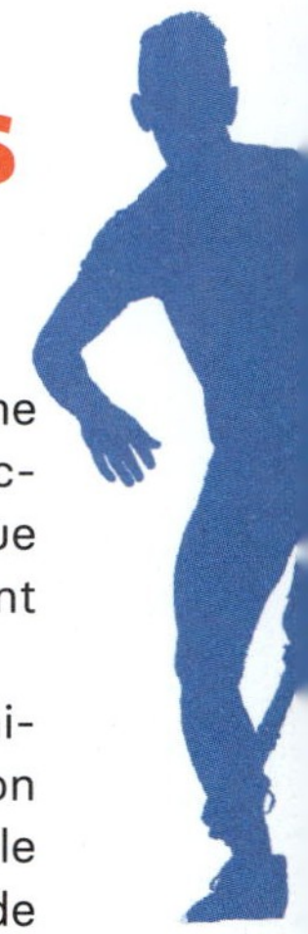

Jeux paralympiques et territoires

Par Philippe Fourny

Les Jeux paralympiques de Paris 2024, ce sont 2,5 millions de billets vendus (record battu), 4 400 athlètes (9 000 participants en y ajoutant les accompagnants) représentant 170 nations, engagés dans 549 épreuves et 22 sports, sur 17 sites qui étaient déjà en place pour les Jeux olympiques, à l'exception du circuit de paracyclisme sur route de Clichy-sous-Bois et du site du départ du marathon de La Courneuve.

Hormis celles de paratir qui se sont déroulées à Châteauroux, la plupart des épreuves se sont tenues en Île-de-France. Cependant, pour y associer un maximum de citoyens et pour ne pas donner l'impression d'un jacobinisme paralympique, l'État et les organisateurs se sont employés à intégrer le plus de communes possible à toutes les étapes de ces Jeux. Aux 19 sites de compétition se sont ainsi ajoutés 25 sites d'entraînement, et un total de 119 communes d'Île-de-France se sont mobilisées pour accueillir des délégations étrangères dans des centres préparatoires aux jeux (CPJ) des JO et des JPO. Le label « CPJ » a été délivré sur la base de différents critères: accessibilité, options d'hébergement à proximité, dynamisme local et qualité générale des infrastructures. Le parcours de la flamme olympique et de la flamme paralympique a également traversé 117 communes.

L'ensemble des acteurs de cette organisation, le CNOSF, le CPSF, l'État, la Région Île-de-France, la Ville de Paris, la Métropole du Grand Paris, les Départements de Seine-Saint-Denis, des Hauts-de-Seine, des Yvelines et de Seine-et-Marne, les collectivités hôtes et tous les labélisés « Terre de Jeux 2024 » se sont impliqués pour que le plus grand nombre de citoyens et de touristes étrangers puissent bénéficier de cette superproduction planétaire sans forcément avoir à se rendre dans les stades. Au Champions Park du Trocadéro, à Paris, une foule de spectateurs a ainsi pu célébrer les athlètes médaillés et voir certaines des plus belles épreuves de ces Jeux; le Club France a accueilli, à La Villette, les athlètes et para-athlètes français. On pourrait également citer le parvis de l'Hôtel de Ville, le parc Georges-Valbon, à La Courneuve, les îles de loisirs d'Île-de-France ou encore les Clubs 2024 qui ont permis à tous de vivre et de partager cet événement.

Cette dynamique d'animation et ce maillage territorial ont dopé les investissements dans les infrastructures et la construction, à hauteur de 2,5 milliards d'euros. Le montant total des retombées économiques des Jeux est estimé à 9 milliards d'euros étalés entre 2018 et 2035. Le développement durable était également au rendez-vous de ces JO et JPO de Paris 2024. Après les Jeux, il est prévu de démonter les bassins de l'Arena-La Défense utilisés pour les épreuves et de les remonter dans les communes de Sevran et Bagnolet, au bénéfice de leurs habitants. Le village olympique est également destiné à être transformé en 2 800 logements qui accueilleront 6 000 habitants. Les fédérations de volley-ball, de badminton et de taekwondo ont bénéficié de nombreux équipements qu'elles ont redistribué à leurs clubs. Enfin, n'oublions pas la cloche en bronze du Stade de France, qui a retenti à chaque victoire et qui est désormais le carillon des messes de Notre-Dame-de-Paris depuis sa réouverture, le 8 décembre 2024.

▲ Dorian Foulon célèbre ses médailles en paracyclisme sur piste et sur route au Club France sous la Grande Halle de La Villette, le 6 septembre 2024.

▲ Le stade nautique de Vaires-sur-Marne, qui a notamment accueilli les épreuves de paracanoë, s'inscrit dans la démarche de «l'héritage des jeux» en étoffant l'offre de loisir de la commune au bénéfice des Franciliens.

“ L'ambition des Jeux olympiques et paralympiques était également de dynamiser les territoires.

B14-B15
FRA

Jeux paralympiques et image

Par Kevin Therenty

Les Jeux paralympiques de Paris 2024 ont marqué une étape significative dans l'histoire du sport paralympique français. Avec des performances athlétiques exceptionnelles, une mobilisation populaire sans précédent et une couverture médiatique accrue, cette édition a su répondre aux attentes élevées des organisateurs et des supporters.

Une cérémonie d'ouverture inoubliable

La cérémonie d'ouverture des Jeux paralympiques de Paris 2024 a été un véritable succès, alliant innovation et inclusion. Pour la première fois, l'événement s'est tenu en plein cœur de la capitale, hors stade, devant plus de 50 000 spectateurs, dont 30 % ont pu assister gratuitement à cette célébration symbolique. Cette initiative a permis de rendre la cérémonie accessible à un large public, renforçant ainsi les valeurs d'inclusion et de diversité chères aux paralympiques. En France, la cérémonie a été visionnée par 10,2 millions de téléspectateurs, soit une audience dix fois supérieure à celle de Tokyo 2020. Cette diffusion record a permis de toucher un public vaste et diversifié, et 88 % des Français jugent la cérémonie réussie. Les retours positifs ne se sont pas limités à la France, puisque les commentaires laudatifs ont afflué de nombreux pays, témoignant de l'impact global de ce spectacle inaugural.

Un engouement populaire exceptionnel

Les Jeux de Paris 2024 ont suscité un véritable engouement populaire, illustré par la vente de plus de 2,5 millions de billets. Parmi eux, 88 % ont été achetés par des Français, démontrant un soutien massif de la population. Les stades ont affiché complet pour plusieurs compétitions, notamment en cécifoot et en paranatation, où des records d'affluence ont été battus. Ces chiffres reflètent une montée en puissance de l'intérêt pour les sports paralympiques, souvent éclipsés par les Jeux olympiques, et suggèrent un changement de perception positif au sein du public. Le parc Georges-Valbon, transformé en « parc des Champions » pour l'occasion, a accueilli plus de 300 000 visiteurs tout au long de l'été. Cet espace a été le théâtre d'événements variés, allant du départ du paramarathon à une matinée dédiée à la jeunesse et à l'apprentissage du vélo, culminant avec une grande parade des athlètes de l'équipe de France,

« En France, la cérémonie a été visionnée par 10,2 millions de téléspectateurs, soit une audience dix fois supérieure à celle de Tokyo 2020.

La Patrouille de France survole la place de la Concorde pour l'ouverture des Jeux paralympiques, le 28 août 2024.

suivie d'un concert en plein air devant plus de 13 000 spectateurs. Ces festivités ont offert une conclusion réjouissante et émotive aux Jeux, qui a renforcé le lien entre les athlètes et le public.

Une couverture médiatique sans précédent

La médiatisation des Jeux paralympiques de Paris 2024 a atteint des sommets inédits en France. France Télévisions a diffusé plus de 300 heures de retransmissions en direct, soit le double de ce qui avait été proposé lors des Jeux de Tokyo 2020. Près de 45 millions de Français ont suivi les Jeux, avec une audience quotidienne moyenne de 20 millions de téléspectateurs et un pic à 5,3 millions lors de la finale du tournoi de cécifoot, le 7 septembre. Cette large couverture a permis de donner une visibilité accrue aux parasports, souvent marginalisés dans les médias traditionnels. En rendant les compétitions paralympiques plus accessibles, cette diffusion a non seulement sensibilisé le public aux performances remarquables des athlètes, mais a également mis en lumière les défis qu'ils relèvent quotidiennement. La médiatisation a ainsi joué un rôle crucial dans la valorisation du mouvement paralympique et dans l'inspiration de nouvelles générations de sportifs.

Une clôture en grande pompe

Le dernier jour des Jeux a été célébré en grande pompe au parc Georges-Valbon, qui s'est transformé pour accueillir un

▲Florian Jouanny célèbre ses trois nouvelles médailles en paracyclisme au Club France, le 7 septembre 2024.

véritable festival de la solidarité et de la célébration sportive. Avec plus de 150 000 visiteurs ce jour-là, la clôture a offert une programmation riche et variée. Le départ du paramarathon, une matinée dédiée à la jeunesse, suivis d'une grande parade des athlètes de l'équipe de France ont rythmé cette journée mémorable. Le concert en plein air qui a clôturé les festivités a réuni plus de 13 000 spectateurs, symbolisant la ferveur et l'enthousiasme suscités par ces Jeux.

Un bilan exceptionnel et porteur d'espoir

Les Jeux paralympiques de Paris 2024 se sont imposés comme une édition historique pour la France, tant par les performances athlétiques que par la mobilisation populaire et la couverture médiatique sans précédent. Avec 75 médailles remportées, dont 19 en or, la France a atteint son objectif de figurer parmi les huit premières nations du classement, une première depuis Sydney 2000. Cette réussite témoigne d'un engagement fort envers le sport paralympique et ouvre la voie à un avenir prometteur pour les athlètes en situation de handicap. L'héritage de Paris 2024 se traduit par une sensibilisation accrue du public, des infrastructures améliorées et une reconnaissance renforcée des parasports. Ces Jeux marquent un tournant décisif en posant les bases d'une inclusion durable et d'un soutien continu pour les athlètes paralympiques, et en inspirant d'autres nations à suivre cet exemple exemplaire.

PARiS
2024
Men's PTS2
OMEGA
LIVE STANDINGS - AT
FINISH
+0
1:05:45
RIBSTEIN
FRA
PARiS 2024

Jules Ribstein, déjà quadruple champion du monde de paratriathlon, devient champion paralympique devant les Invalides, le 2 septembre 2024.

FRA

Jeux paralympiques et santé

Par le docteur Raphaël Nectoux

En 2021, l'APHP et l'Institut Parasport & Santé (IPS) ont inauguré une unité parasport-santé à l'hôpital Raymond-Poincaré de Garches. Unique en son genre, cette unité de médecine physique et de réadaptation (MPR) s'est associée le temps des Jeux à l'Institut national du sport, de l'expertise et de la performance (INSEP) pour contribuer à l'épopée des Jeux paralympiques de Paris 2024 en assurant le suivi médical des para-athlètes français séjournant à l'INSEP.

De spectateur à acteur des Jeux paralympiques de Paris

Fin 2022, juste après l'internat, j'entre au pôle parasport-santé de l'hôpital Raymond-Poincaré, à Garches, comme assistant spécialiste des hôpitaux dans le service de MPR. Cette période d'un à trois ans dans notre carrière coïncide pour moi avec les Jeux paralympiques de Paris. Je comptais déjà y prendre part en tant que spectateur, mais ce poste m'offre la chance inimaginable d'y participer pleinement, non pas en tant que sportif, mais en tant que médecin d'équipe.

J'arrive alors dans une jeune unité, ouverte depuis un an seulement. Elle se compose de moins de dix personnes, mais elle n'en est pas moins pluridisciplinaire et chevronnée, réunissant médecin, ergothérapeute, enseignant en activité physique adaptée, kinésithérapeute, ingénieur en biomécanique ou encore infirmiers. Au fil des mois, je trouve ma place et je découvre comment apporter des solutions adaptées et sur mesure aux parasportifs, et en particulier aux sportifs expérimentés.

L'innovation médicale au service du sport adapté / Une unité de MPR pas comme les autres

La MPR vise à prévenir ou à réduire les conséquences fonctionnelles physiques, psychologiques, sociales et économiques des déficiences et des incapacités. Cette spécialité est orientée vers la récupération des capacités fonctionnelles et de qualité de vie des patients atteints d'un handicap, qu'il soit congénital ou acquis à la suite d'un accident. Le médecin de MPR coordonne les professionnels de santé impliqués dans le parcours médical et de réadaptation des patients. Lorsque l'on grandit ou que l'on doit réapprendre à vivre avec un handicap, tous les aspects du quotidien doivent être envisagés: le travail ou la scolarité, les transferts d'une assise à l'autre (par exemple, du fauteuil au lit), le sommeil, la toilette, l'alimentation, les déplacements en intérieur et en extérieur, les aides humaines, les installations, les appareillages... Dans ce contexte complexe, la pratique d'une activité physique est rarement prioritaire. Elle joue néanmoins un rôle essentiel

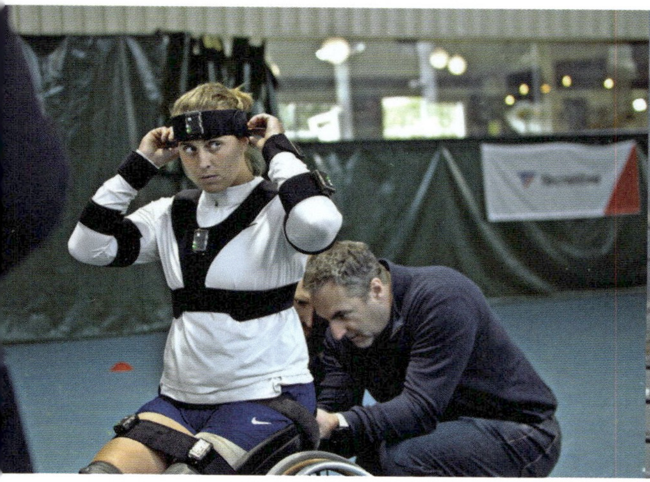
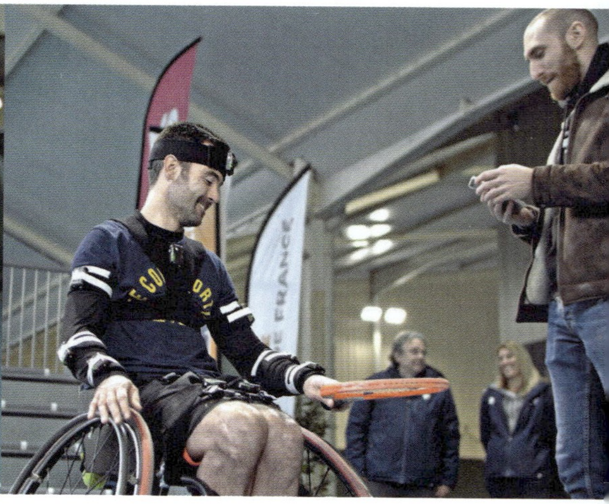

dans la rééducation et la reprise de la vie quotidienne.

Depuis sa création, en 2021, l'unité parasport-santé de l'hôpital Raymond-Poincaré a pour objectif de mettre l'expertise de la MPR au service du projet d'activité physique de chaque patient, quel que soit son âge ou son handicap, en s'appuyant sur des prises en charge, des recommandations et des bilans médicaux. Parce que le niveau d'accompagnement et d'information disponible est trop souvent insuffisant et le matériel inadapté, une activité parasportive peut présenter des risques. L'ambition de notre unité est d'élaborer des bonnes pratiques pour minimiser ces risques et faire profiter les personnes en situation de handicap de tous les bénéfices que l'on peut attendre du sport.

Après un entretien clinique classique, axé sur les antécédents médicaux, les traitements, les installations (fauteuil), les appareillages (prothèses, orthèses, aides techniques), un temps d'échange approfondi porte sur le projet d'activité physique et sportive du patient. Nous proposons de réaliser des bilans lors de la mise en pratique choisie, afin de trouver la meilleure manière d'accorder le geste sportif à sa situation de handicap, ainsi qu'aux appareillages nécessaires pour une pratique adaptée et en sécurité, quel que soit le niveau.

Ainsi, des bilans d'appareillage sont réalisés en collaboration avec des ortho-prothésistes, pour adapter chaque équipement aux besoins du patient. Par exemple, les prothèses externes sont généralement conçues pour le déplacement sur terrain plat; elles doivent donc être ajustées pour des activités physiques comme la marche rapide ou la course et permettre des changements de direction sur des surfaces variées. De même, les installations pour l'assise sont souvent conçues pour un usage statique, ce qui peut augmenter les risques – notamment de lésions cutanées – lors d'activités physiques.

Vous l'aurez compris, ce service de médecine physique et de réadaptation n'est pas tout à fait comme les autres. Ici, pas de blouse blanche ni d'ordonnance, mais bien une écoute de la personne dans toute sa singularité, afin de l'accompagner dans un projet sportif qui peut véritablement transformer sa vie et son rapport au handicap.

La prévention et le suivi médical, clés de la réussite

La plupart des para-athlètes ont fait ou font l'objet d'un suivi médical lié à leur handicap avant même de pratiquer un sport à haut niveau : l'encadrement médical de leur préparation aux Jeux paralympiques doit donc prendre en compte cette particularité. Le rôle des équipes médicales est de sensibiliser les para-athlètes et leur staff technique pour que les recommandations – des examens spécialisés et des prises en charge préventives – soient respectées en amont de la compétition, afin d'éviter toute complication le jour J. Sous l'impulsion notamment du Pr François Genêt, qui fut le chef de la délégation médicale des JPO de Tokyo 2020, notre équipe du pôle parasport-santé de l'hôpital Raymond-Poincaré a donc incité ces champions à consulter en amont dans les structures de références. Nous avons également assuré des webinaires dédiés et mobilisé plusieurs fédérations parasportives.

Au sein de l'INSEP, les athlètes peuvent réaliser des stages, et plusieurs d'entre eux vivent et s'entraînent même sur place à l'année. En vue des Jeux de Paris, cette organisation de « camps de base » à l'INSEP a été renforcée, afin de placer nos athlètes et para-athlètes dans les meilleures conditions possible.

L'équipe médicale de l'antenne de l'IPS à l'INSEP doit rester disponible tout en gardant une certaine distance pour permettre au binôme para-athlète/entraîneur de s'exprimer dans les meilleures conditions. Garant de la prévention et premier recours en cas d'incident, le personnel médical construit avec le temps une relation de confiance, essentielle à la réussite de nos champions. Cette mission quotidienne est effectuée avec brio : lors des précédents Jeux, la majorité des

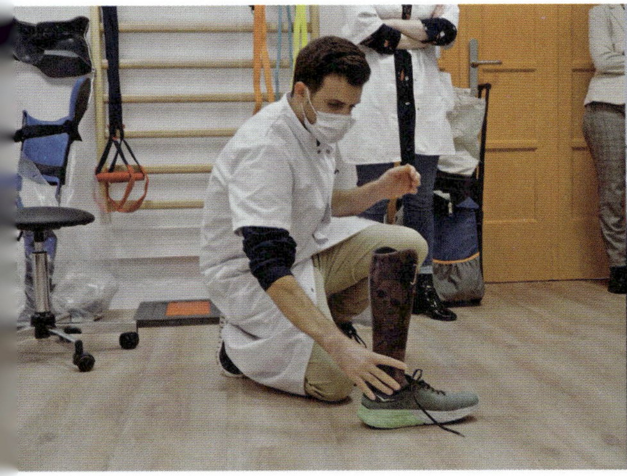

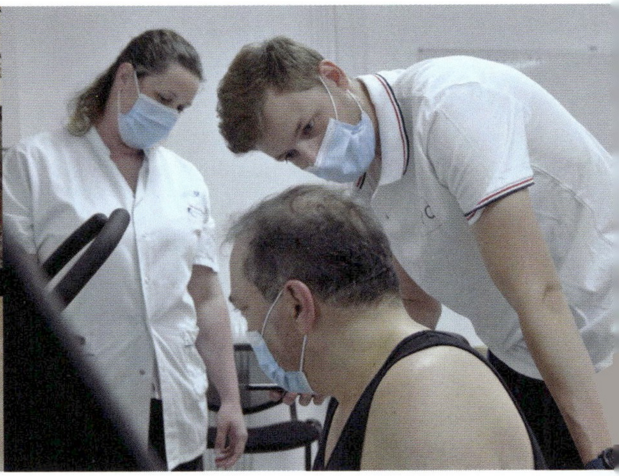

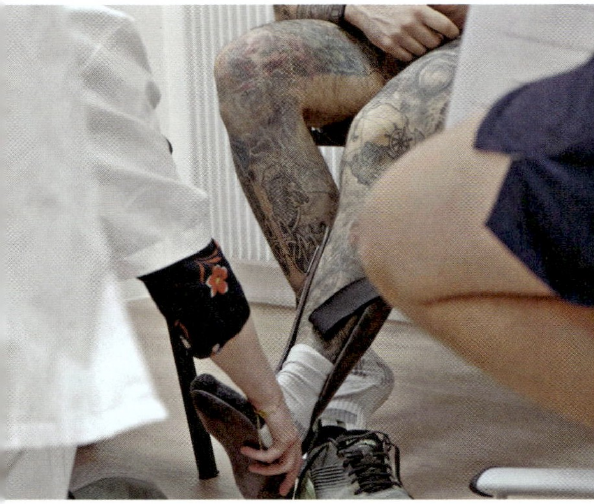

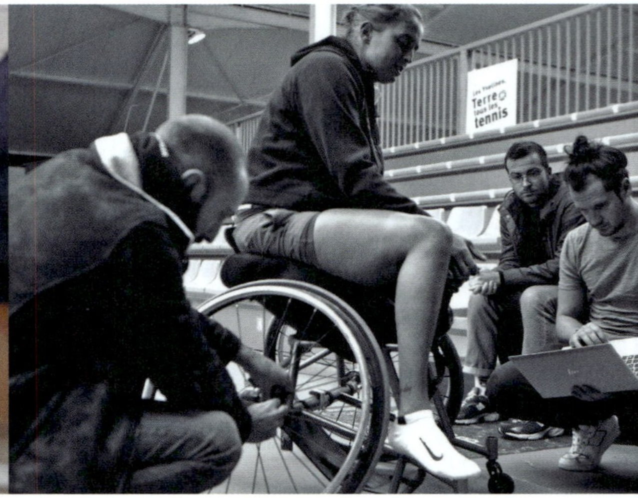

médaillés étaient des « insépiens ». Pour cette édition si particulière, et toujours dans l'objectif d'obtenir les meilleures conditions possible pour les athlètes, le directeur du pôle médical, le Dr Le Garrec, a souhaité renforcer ses capacités de réponse aux problématiques des athlètes en situation de handicap.

Une préparation en grand pour des jeux tricolores

Un lien avait déjà été établi entre le pôle parasport-santé de l'hôpital Raymond-Poincaré et les pôles médical et performance de l'INSEP, dans le cadre du double suivi médical et sportif des personnes en situation de handicap. C'est donc naturellement qu'une coopération a pu voir le jour à l'occasion des Jeux de Paris 2024.

Notre pôle parasport a ainsi rejoint l'équipe médicale de l'INSEP afin de lui apporter son expertise pluridisciplinaire en matière de MPR pour la prise en charge médicale des para-athlètes présents sur le site. Parmi ses missions, notons l'analyse de l'ergonomie du dispositif médical de performance sportive et la coordination avec le réseau francilien des médecins spécialistes pouvant intervenir dans la prise en charge des problématiques aiguës dues au handicap.

De son côté, l'APHP s'est engagée à déployer une structure de soutien durant la période des Jeux paralympiques, avec une permanence téléphonique de médecin MPR de 7 heures à minuit et 7 jours sur 7, pour répondre aux services franciliens amenés à prendre en charge des personnes en situation de handicap, qu'il s'agisse de visiteurs ou de para-athlètes, français ou étrangers.

À l'approche de la compétition, malgré l'ambiance positive, quelques tensions et inquiétudes sont apparues, et l'équipe médicale de l'INSEP, composée de médecins, kinésithérapeutes et infirmiers expérimentés, a pu rassurer les champions. Notre biomécanicien, notre ergothérapeute et nos appareilleurs extérieurs ont répondu aux besoins des athlètes et ont contribué à les apaiser.

Dès le début de la compétition, les délégations des différentes disciplines ont circulé entre le camp de base et le village olympique. Le pôle médical de l'INSEP et notre équipe ont su répondre dans l'entraide et la bonne humeur aux besoins des athlètes face aux imprévus. Les événements se sont enchaînés de manière fluide tout au long des Jeux, sans avoir à solliciter nos collègues de l'hôpital, et avec une seule hospitalisation, qui ne concernait pas notre délégation française. Ouf !

Bien évidemment, compétition après compétition, il y a eu des bonheurs et des déceptions parfois accompagnées d'incompréhension, mais les résultats positifs ont été au rendez-vous, avec une 8e place au classement général (soit le meilleur résultat depuis Sydney, en 2000). Les athlètes paralympiques français ont remporté 75 médailles – dont 19 en or, 28 en argent et 28 en bronze –, toutes affichées à l'INSEP, battant l'ancien record de 54 à Tokyo 2020. Sur le plan de la santé, tous les para-athlètes français ont pu se présenter à leurs compétitions, sans aucune décompensation médicale.

L'héritage des Jeux

On entend par « héritage olympique » les bienfaits à long terme des Jeux pour la ville hôte et ses habitants, avant, pendant et bien après la manifestation. L'engagement de l'IPS pour l'héritage des Jeux, déjà couronné par le label « Héritage », a pris une nouvelle dimension concrète grâce à la collaboration entre le pôle parasport de l'hôpital Raymond-Poincaré et l'INSEP. Les interventions auprès des athlètes, de leurs staffs techniques et la collaboration avec les autres pôles de l'INSEP ont mis en lumière la complémentarité des approches de chacun, mais aussi et surtout l'importance de ce regard croisé au service du para-athlète. C'est pourquoi des discussions sont en cours pour pérenniser et renforcer cette collaboration à l'avenir.

> Des Jeux paralympiques de Paris 2024 durables et inclusifs pour la santé, tel était notre objectif.

La mobilisation exceptionnelle de l'hôpital Raymond-Poincaré et des unités péri-opératoires et d'hospitalisation (UPOH) dans la prise en charge des urgences des para-athlètes a permis la création et la diffusion, au sein des différents services de l'APHP, d'un « Guide de l'urgence handicap » qui détaille les soins de premier secours spécifiques à dispenser aux personnes en situation de handicap. Dans cette logique d'héritage, ce guide sera remis à jour annuellement par des spécialistes de MPR.

« Des Jeux paralympiques de Paris 2024 durables et inclusifs pour la santé », tel était notre objectif. À l'évidence, les Jeux paralympiques ont été une très belle occasion de sensibiliser l'opinion publique : avec 2,5 millions de billets vendus (égalant presque le record de Londres 2012) et quasiment 49 millions de Français devant la télévision, ces Jeux paralympiques ont marqué une avancée dans la prise de conscience collective et l'inclusion du handicap.

Regards sur les acteurs

Regards croisés entre Marie-Amélie Le Fur, présidente du CPSF*, et David Lappartient, président du CNOSF

Par Philippe Fourny

Le regard des autres sur soi peut être neutre, inquisiteur, suspicieux, inquiet, amoureux, haineux, bienveillant… c'est en tout cas souvent plus ce que l'on prête à l'autre que ce que l'on sait vraiment de sa pensée vis-à-vis de nous. Trop souvent son caractère fugace et occasionnel lui confère plus les qualités de l'impression que celles de l'analyse. *Regards sur le handicap* ambitionne de corriger ce premier mouvement. Ce chapitre « Regards croisés » entre deux présidents de comités olympiques nationaux, Marie-Amélie Le Fur pour le Comité paralympique et sportif français (CPSF) et David Lappartient pour le Comité national olympique et sportif français (CNOSF), ambitionne d'en approfondir l'acuité à travers des questions identiques et partagées. Dans le cadre officiel de l'héritage des Jeux initié par le gouvernement, 170 mesures ont été recensées. Elles reposent sur six ambitions : engager les citoyens et la population autour des Jeux ; former des bénévoles et développer des services civiques auprès des personnes en situation de handicap dans les grands événements sportifs ; accélérer la transition écologique en mettant l'innovation au service de l'ambition environnementale des Jeux, construire des infrastructures au service de l'aménagement du territoire et augmenter l'attractivité des sites ; rayonner et favoriser la promotion de l'excellence française, faciliter le séjour des touristes et promouvoir la culture nationale ; favoriser les pratiques sportives des Français dès la petite enfance, jusque dans les clubs et les entreprises de l'ensemble du territoire, et enfin, le lancement d'un programme prioritaire de recherche pour la haute performance sportive et décrocher un maximum de médailles. Je vous propose, à l'heure d'un premier bilan, que ces ambitions fortes constituent le canevas des questions.

* Marie-Amélie Le Fur s'est prêtée à cette interview au mois de septembre 2024 alors qu'elle était présidente du Comité paralympique et sportif français (CPSF). Elle a été nommée au mois de novembre suivant présidente de l'Agence nationale du sport (ANS).

Philippe Fourny : Pour vous, quelle est la plus importante des six ambitions de ces Jeux ?

Marie-Amélie Le Fur : Le plus important, c'est d'avoir une équipe de France qui performe. Parce qu'une équipe de France qui performe, des athlètes qui réussissent, ce sont des athlètes qui rayonnent. Et des athlètes qui rayonnent, c'est une meilleure visibilité pour le mouvement paralympique. Et ensuite, cela entraîne le développement du sport pour les personnes en situation de handicap, qui est le deuxième enjeu de cet événement.

On a utilisé très concrètement ces Jeux pour avoir un effet levier. Comment cela s'est-il traduit ? On a assuré la visibilité, la lisibilité de l'information pour les personnes en situation de handicap, pour leur rappeler que le sport doit faire partie de leur parcours de vie.

Voilà quels sont pour moi les deux enjeux principaux : assurer la hausse de performance, la visibilité, la notoriété des champions et, ensuite, faire rentrer très concrètement le sport dans le parcours de vie des personnes en situation de handicap. Pour nous, le sport est un outil de médiation pour opérer le changement de regard de la société sur les personnes en situation de handicap. On peut le faire au travers du prisme des Jeux paralympiques, des grandes compétitions, où l'on démontre les capacités et les compétences des personnes en situation de handicap.

David Lappartient : Lequel des six objectifs qui ont été fixés est le plus essentiel ? C'est un choix difficile, parce que tous ont naturellement leur importance. Mais puisque l'exercice est d'en choisir un, je choisirais peut-être le sixième, celui de construire une nation durablement plus sportive et durablement plus compétitive. Historiquement, la France est une nation sportive, mais elle peut sans doute l'être plus encore. Et on a vu l'engouement ici autour des Jeux olympiques et paralympiques de Paris 2024 : les Français se sont passionnés pour les Jeux. On a montré le meilleur de notre pays, dans un sentiment de fraternité, de cohésion nationale. Seul le sport peut, je pense, véhiculer de telles émotions. Mais comment faire en sorte qu'après les Jeux, les Français s'inscrivent dans les clubs ou pratiquent avec des amis ? C'est ce qui doit désormais nous animer.

Un autre objectif important est tout de même selon moi le bon classement de la France aux Jeux olympiques et aux Jeux paralympiques. C'était notre ambition avec Marie-Amélie. De fait, la France s'est classée en 5e position aux Jeux olympiques, et en 8e position aux Jeux paralympiques. Cela s'est joué quasiment à une médaille près, mais on y est parvenus. On a su aussi revisiter certaines manières d'aborder le très haut niveau, notamment grâce au partage d'expertise entre les fédérations olympiques, les athlètes olympiques et paralympiques. J'y crois vraiment. Prenons pour exemple mon sport, le cyclisme, qui a été un gros pourvoyeur de médailles aux Jeux paralympiques : effectivement, quand les athlètes olympiques et paralympiques s'entraînent ensemble au Vélodrome national, quand la recherche sur les vélos des équipes de France – par exemple celle menée par Look – bénéficie également aux équipes de France paralympiques, il y a naturellement des effets positifs sur la performance de haut niveau, et cela permet de renforcer les liens entre l'olympisme et le paralympisme. Des Jeux olympiques réussis, ce sont bien sûr des Jeux riches en émotion et une organisation parfaite, mais aussi des médailles, parce que ce sont les médailles qui nous transportent et qui donnent envie aux gens de faire du sport. La France doit être durablement compétitive.

Marie-Amélie Le Fur

Passionnée d'athlétisme depuis son plus jeune âge, Marie-Amélie Le Fur est amputée à la suite d'un accident de scooter en 2004. Bien que cet accident ait brisé son rêve de devenir sapeur-pompier professionnelle, elle se construit, grâce à l'accompagnement de ses proches, une nouvelle vie tournée vers le sport.

Marie-Amélie Le Fur effectue ses premières foulées de course à pied seulement quatre mois après l'accident. Une grande aventure sportive débute alors: triple vice-championne du monde à Assen (100 mètres, 200 mètres, saut en longueur) en 2006, double vice-championne, paralympiques à Pékin en 2008; double championne du monde à Christchurch en 2011; et, en 2012, triple médaillée aux Jeux paralympiques de Londres, avec l'obtention du titre suprême: celui de championne paralympique du 100 mètres. Marie-Amélie Le Fur se lance dans une nouvelle paralympiade à Rio en 2016. Avec deux médailles d'or, deux records du monde et une médaille de bronze, son bilan sportif est plus que complet. Après une pause sportive, elle reprend la compétition à l'été 2018: elle devient ainsi championne d'Europe de saut en longueur à Berlin, battant le record du monde. Elle sera la première femme amputée à franchir la barre des 6 mètres (record du monde à 6,01 mètres). Marie-Amélie Le Fur mettra fin à sa carrière sportive en 2021, lors des Jeux paralympiques de Tokyo, avec une médaille d'argent en saut en longueur.

En parallèle de sa carrière sportive, Marie-Amélie Le Fur mène une carrière professionnelle chez EDF, depuis mars 2013, dans un premier temps, en tant que conseillère à la conduite du changement, puis en charge de l'ancrage territorial. Marie-Amélie Le Fur a été présidente du Comité paralympique et sportif français (décembre 2018-novembre 2024). Pour elle, cet engagement au CPSF se situe dans la continuité de ses actions de sensibilisation pour favoriser l'accès au sport et l'inclusion des personnes en situation de handicap, initiées en 2012. Depuis le mois de décembre 2024, elle est présidente de l'Agence nationale du sport.

Marie-Amélie Le Fur est officier du Mérite national et de la Légion d'honneur.

P. F. : On a constaté un bel élan pour la conquête de médailles, mais également pour des pratiques partagées. Vous avez donné l'exemple du vélo. Est-ce que vous l'avez constaté dans la préparation ?

M.-A. L. F. : Disons que le modèle de demain doit être le modèle qui correspond aux pratiquants. Il faut comprendre la temporalité de votre handicap : est-ce un handicap acquis ou inné ? La façon dont vous le vivez, sa typologie aussi, font que vous n'aurez pas forcément la vocation et la volonté de pratiquer un sport de la même façon. Notre ambition, au Comité paralympique, est de faire en sorte que l'offre disponible dans les territoires corresponde à ce besoin. Ce qui est très clair, c'est qu'on a besoin de développer un modèle inclusif.

Il faut agir sur l'offre pour qu'elle s'ouvre aux personnes en situation de handicap. David l'a dit, la plus belle des évolutions que nous ont permis ces Jeux, c'est de décloisonner et de travailler en transversalité. Et jamais, je crois, dans l'histoire du sport français, on n'avait eu une telle prise de conscience de l'impact social et sociétal du sport. Comment cela s'est-il traduit, très concrètement ? Chaque secteur des politiques publiques a eu envie d'agir pour les Jeux olympiques et paralympiques et pour le sport. Ces Jeux nous ont par exemple permis de développer des projets très concrets avec l'Éducation nationale. Et pour nous, cela est absolument essentiel, parce que ce goût du sport, de l'effort, de la pratique sportive doit commencer dès le plus jeune âge. L'enjeu, maintenant, c'est que le soufflé ne retombe pas...

P. F. : J'ajouterais que, pour la santé, l'activité physique est une forme de prévention primaire et secondaire. David, vous avez développé l'activité en club, notamment dans le cadre de votre mission. On sait que, désormais, une très grande partie des activités sportives se déroulent en dehors des clubs, notamment en plein air. Est-ce que cela signifie un échec des clubs ? Quel est votre regard sur ces activités de nature qui, par ailleurs, pourraient être sans doute plus que d'autres mutualisées entre population valide et population en situation de handicap ?

D. L. : Je ne dirais pas qu'il s'agit d'un échec des clubs, mais plutôt d'un développement complémentaire de la pratique ; il y a d'ailleurs beaucoup de sports de nature qui se pratiquent aussi en club. C'est vrai que nos concitoyens ont, de manière générale, une envie de nature ; elle n'a jamais été aussi forte, on le voit à tous les niveaux et on peut s'en réjouir. On constate aussi le développement et la diversification des sports qui sont praticables en pleine nature : je pense au trail, au vélo tout-terrain dans ma discipline, ou encore à l'enduro, parmi tant d'autres. Pour moi, c'est plutôt une chance d'élargir la pratique sportive. Naturellement, cela se prête un peu moins à une approche du sport par le biais des fédérations uniquement. Si certains sports ne peuvent se pratiquer qu'en club, les sports de pleine nature sont accessibles à tous. Je vois donc plutôt dans les sports de pleine nature une opportunité d'élargir le champ des pratiques, de développer l'innovation, tout en conservant une offre fédérée et par club qui intègre aussi les personnes en situation de handicap.

P. F. : Et vous, Marie-Amélie, quel est votre rapport à l'activité de plein air ?

M.-A. L. F. : Je ne partirais pas du principe que l'activité de plein air se déroule en dehors des clubs. Selon moi, il y a réellement deux modèles qui cohabitent : le modèle de la pratique autonome et celui de la pratique fédérée. La pratique autonome, par définition, est une pratique qui ne se fait pas dans les clubs. Mais au Comité paralympique, on ne souhaite pas opposer ces deux types de pratiques. Notre enjeu premier est avant tout de replacer le sport dans le parcours de vie. Et peu importe que ce sport se pratique de manière autonome ou fédérée. C'est un facteur de santé, mais aussi un facteur d'émancipation. On a avant tout travaillé là-dessus en sachant que, mathématiquement, plus il y aura de personnes en situation de handicap qui pratiqueront un sport, plus il y aura de personnes qui se tournent vers les clubs. En imaginant de nouvelles pratiques sportives, on imagine de nouveaux lieux de pratique. Et cela permet aussi de démultiplier l'offre de clubs.

Diplômé de l'École spéciale des travaux publics, du bâtiment et de l'industrie (ESTP) de Paris, David Lappartient est ingénieur des travaux publics et exerce la profession de géomètre-expert de 1998 à 2007, cofondant son propre cabinet. En parallèle, il s'engage en politique et devient maire de Sarzeau en 2008 (réélu en 2014 et en 2020) avant d'être élu conseiller général en 2011. Il est constamment réélu et brigue la présidence du conseil départemental du Morbihan en 2021, ce qui l'amène à démissionner de son mandat de maire, conformément à la règle de non-cumul des mandats. Passionné de cyclisme et de sport, David Lappartient s'implique dans le mouvement sportif dès 1997, en devenant président du Vélo Sport de Rhuys et membre du conseil d'administration de la Fédération française de cyclisme (FFC), avant d'y occuper le poste de trésorier général puis de vice-président délégué. Fort de ces fonctions, David Lappartient est élu au comité directeur de l'Union cycliste internationale (UCI) en 2005 avant d'être élu président de la FFC en 2009. Il est réélu en 2013. À cette fonction, il participe notamment à la création du vélodrome de Saint-Quentin-en-Yvelines, fief du cyclisme français. La même année, il est élu président de l'Union européenne de cyclisme (UEC) et réélu en 2017. En juin, il se porte candidat à la présidence de l'UCI, qu'il remporte. Par ses fonctions désormais internationales, David Lappartient devient membre du Comité international olympique (CIO) le 19 février 2022, notamment avec Martin Fourcade. Le 29 juin 2023, il est élu président du Comité national olympique et sportif français (CNOSF) à la suite de la démission de Brigitte Henriques. À sa tête, le CNOSF mène la délégation française pour les Jeux de Paris 2024, organise le Club France et, avec Marie-Amélie Le Fur, présidente du Comité paralympique et sportif français, Laurent Wauquiez, président du conseil régional d'Auvergne-Rhône-Alpes, et Renaud Muselier, président du conseil régional de Provence-Alpes-Côte d'Azur, porte la candidature des Jeux olympiques et paralympiques d'hiver de 2030. Le CIO retient la candidature le 24 juillet 2024. Le 16 septembre, David Lappartient officialise sa candidature à la présidence du CIO, qui se déroulera en mars 2024. David Lappartient est chevalier de la Légion d'honneur.

David Lappartient

P. F. : David, est-ce que vous avez déjà pu constater une augmentation des demandes d'adhésion dans les clubs, dans votre fédération ?

D. L. : C'est un peu tôt, parce que les forums des associations – dans la plupart des communes, c'est souvent à cette occasion que l'on s'inscrit – ont eu lieu récemment. Mais d'après ce que j'ai entendu de la plupart des présidents de fédération, les adhésions ont effectivement augmenté, mais on ne peut pas encore les quantifier ; nous aurons des chiffres plus solides d'ici quelques mois. Pour prendre un exemple, il est compliqué de trouver des tables de tennis de table dans un magasin de sport aujourd'hui, et pourtant, on peut légitimement penser que les performances des frères Lebrun ont motivé l'achat de nombreuses tables et de nombreuses inscriptions dans les clubs de tennis de table.

On a aussi travaillé avec nos clubs en amont, pour réfléchir à la manière de mettre en place l'accueil des nouveaux pratiquants. Je pense qu'il est fondamental d'accompagner et de former les bénévoles, parce qu'ils sont indispensables pour accueillir des jeunes – et bénévole ne veut pas dire incompétent. C'est aussi un gisement d'emplois, car il faut aussi recruter dans les clubs. Par exemple, il existe des formations spécifiques sur la prise en charge des personnes en situation de handicap.

P. F. : Je dois dire pour ma part qu'en tant que spectateur lambda des Jeux, j'ai été très impressionné par la qualité des animations et du travail des bénévoles. Notamment, à l'entrée de chaque manifestation, un bénévole jouait le rôle d'un arbitre de tennis sur une guérite, animait avec un porte-voix, avec beaucoup d'esprit. Je me suis dit que ce n'était pas le fait du hasard et qu'il avait forcément été formé.

D. L. : Oui, tout a été pensé. Ces bénévoles ont été absolument extraordinaires.

P. F. : Quelle est la performance qui vous a le plus marqués dans ces Jeux ? À la fois dans les Jeux olympiques et dans les Jeux paralympiques, car c'est cette double focale qui est intéressante dans ce « regard croisé ».

M.-A. L. F. : Pour ma part, il ne s'agit pas forcément d'une performance, mais de moments qui m'ont marquée pendant les Jeux olympiques et pendant les Jeux paralympiques. C'est le cas de la finale olympique de judo par équipe. J'étais au Club France à ce moment-là, je regardais les premiers combats sur le grand écran. Je devais partir et je me suis dit : « Là, c'est plié. Je crois que la France perd 3-0. » J'ai coupé mon téléphone, je suis montée dans une voiture, et en le rallumant j'ai découvert que la France était de nouveau à égalité. C'est le moment de la roulette, le moment où on attend, on attend… Et là, c'est le combat de Teddy qui sort. J'ai trouvé que ce moment sportif était beau, d'abord parce que j'aime beaucoup la notion de collectif dans un sport individuel, mais aussi parce que le moment de la roulette m'a paru très intéressant. J'ai aussi adoré l'image du reste de l'équipe de France derrière la balustrade, qui soutenait Teddy, et leur explosion de joie et leur communion quand il a gagné le combat. C'est ce que j'aime dans le sport, ce lien à l'autre, ces émotions collectives qu'un sportif nous amène à ressentir. Et on a beau ne pas faire de sport, on a beau ne pas comprendre ce qu'est le vécu d'un sportif de haut niveau, ces émotions nous transcendent toujours.

Le moment que je retiendrai des Jeux paralympiques est la médaille d'or d'Aurélie Aubert, notre joueuse de boccia. Pourquoi cette médaille m'a particulièrement marquée ? Parce qu'Aurélie, personne ne la connaissait, personne ne l'attendait et parce que la boccia est un sport totalement confidentiel. Pour nous, c'était un engagement fondamental de démontrer que le modèle paralympique était fait pour toutes les personnes en situation de handicap et notamment les personnes les plus sévèrement handicapées. C'est le message que porte Aurélie Aubert. J'ai eu la chance d'être là quand son adversaire a lâché sa dernière boule, lorsqu'elle est devenue championne paralympique. À ce moment, j'ai vu dans les tribunes les milliers de spectateurs qui ne connaissaient ni Aurélie ni la boccia une semaine auparavant et qui avaient les larmes aux yeux : le moment était fort en émotion et les Français ont compris l'intensité de ce sport. Et Aurélie, qui est extraordinaire dans ses interviews, va ouvrir le champ des possibles autour de la boccia. En tant que présidente du Comité paralympique, je mettais beaucoup d'espoir et d'attente dans ces Jeux paralympiques, mais jamais je n'aurais pensé que la boccia gagnerait le cœur des Français de cette façon-là. Et c'est grâce à Aurélie.

P. F. : Ici au Panthéon, en ce haut lieu de la République, on peut peut-être penser qu'à travers la solidarité des équipes et la cohésion des sportifs et des spectateurs, le pays et la République française ont réussi.
Et pour vous, David ?

D. L. : J'aurais pu donner les mêmes exemples, parce que ces moments étaient extraordinaires. Je vais forcément en choisir deux autres pour changer d'approche, mais il y a eu tellement d'émotion qu'il n'est pas simple de hiérarchiser les choses. Je vais commencer par les Jeux paralympiques. Je choisis la finale de badminton avec Charles [Noakes], qui l'a remportée. Je me suis passionné pour ce match que j'ai trouvé vraiment beau. C'était vraiment du grand sport.

> “ Notre enjeu premier est avant tout de replacer le sport dans le parcours de vie.

Et puis, certes, notre Français dominait, mais Krysten [Coombs], l'Anglais, était formidable. Il rayonnait, souriait jusqu'aux oreilles. C'était, je crois, le dernier match de sa carrière, et on sentait qu'il savourait les choses. Je crois d'ailleurs qu'ensuite, lors de la cérémonie de remise de médailles, il a été tout aussi acclamé que le vainqueur, ce qui est assez rare. J'ai trouvé cette finale vraiment formidable, d'abord par l'intensité du match, mais aussi par le bel esprit sportif qui en est ressorti.

Pour l'olympisme, il y aurait aussi beaucoup de moments remarquables à citer, mais je choisis celui où Pauline Ferrand-Prévot a remporté la médaille d'or de cross-country. Pourquoi ? D'abord parce que c'était quasiment la première médaille française des Jeux, et ensuite, parce que c'est du cyclisme. Je connais Pauline depuis qu'elle est haute comme trois pommes. Elle avait 13 ans lorsqu'elle est devenue championne de France minime cadette à Pont-du-Fossé. Je me souviens qu'à l'époque, son président de comité régional, un monsieur dévoué, m'avait dit avant le départ de la course : « Tu sais, David, la petite, là, celle-là, elle en a plus que les autres. Tu verras, on en fera quelque chose. » Je l'ai suivie toute sa carrière. Elle a échoué trois fois aux Jeux olympiques avant cette médaille ; sa victoire symbolise aussi la persévérance. Il y a des athlètes qui sont en état de grâce dès le début et qui deviennent rapidement champions olympiques ; et il y en a d'autres, comme elle, qui ont tout gagné tout le temps, sauf les Jeux. Elle est malgré tout allée au bout de son objectif. Elle a survolé cette épreuve et a gagné avec plus de 3 minutes d'avance. Ça a été un grand moment d'émotion ; pour moi, cette médaille avait vraiment une saveur particulière.

P. F. : On est dans la collection « Regards sur... », fondée sur l'idée que le regard sur le handicap est une école de la différence. Qu'est-ce que vous pensez de l'éducation de la population sur le regard qu'elle peut porter ?

D. L. : Je pense que ces Jeux paralympiques ont sans doute changé le regard que nous portons sur le handicap. D'abord parce que cette édition a été largement diffusée : les Français se sont passionnés pour les Jeux paralympiques. Ils ont découvert, regardé – pas seulement vu, mais regardé –, ces Jeux paralympiques de manière totalement différente. En tant que président de conseil départemental, le handicap fait partie de mes missions. Je dois parfois aborder des sujets très sensibles, et il arrive qu'en réunion, on ne sache pas comment se comporter ou comment choisir ses mots pour ne blesser personne, pour ne pas être mal compris, ou pour ne pas ouvrir une polémique. Finalement, est-ce qu'on est vraiment soi-même quand on est avec des personnes en situation de handicap ? C'est ça aussi le changement de regard, c'est faire en sorte de rester soi-même et de pouvoir discuter librement sans se freiner par peur de choquer.

Et donc, si les Jeux paralympiques ont aussi peut-être permis ce changement de regard, il faut maintenant rester attentif à la manière dont cela va se traduire de manière effective et efficace. Parce que si certaines personnes en situation de handicap peuvent se débrouiller seules pour rejoindre des clubs, d'autres, avec des handicaps sévères, ont besoin d'accompagnants. Comment renforcer cet accompagnement ? C'est un exemple du travail que nous pouvons mener ensemble.

P. F. : Très bien. Donc, le regard qui mène à l'action, ce serait idéal.

D. L. : C'est ça. C'est l'idée.

P. F. : Amélie, que pensez-vous de ce nouveau regard de la population en général, apporté par le partage du spectacle des Jeux ?

M.-A. L. F. : Faire évoluer le regard pour changer la place des personnes en situation de handicap dans la société était l'un des piliers de notre mission, et ce qu'on peut dire aujourd'hui, c'est que le regard que l'on porte sur la personne en situation de handicap est encore empreint d'énormément de préjugés. On a grandi avec une forme de stigmatisation qui réduit souvent la personne à son handicap, et le handicap à des « incapacités » ou des « impossibilités de faire ». Et je pense que l'une des choses qu'ont prouvées ces Jeux paralympiques, c'est que ce prisme à travers lequel on regarde le handicap n'est pas bon. Pourquoi ? Parce que la façon dont on regarde les personnes en situation de handicap dans le milieu ordinaire fait qu'ils évoluent dans un environnement qui n'est pas adapté à eux, qui entraîne une surexpression de la situation de handicap et qui les met en difficulté. Dès l'instant où les Français adhèrent au modèle paralympique, avec des compétitions adaptées, avec un environnement « capacitant » pour les personnes en situation de handicap, on démontre à quel point ces dernières sont compétentes et leurs performances spectaculaires.

Le deuxième enjeu, et on en parle moins souvent, c'est que le changement de regard

ne doit pas uniquement opérer des personnes valides vers les personnes en situation de handicap. Il s'agit aussi de changer le regard que les personnes en situation de handicap portent sur elles-mêmes. Et selon moi, c'est l'un des messages forts envoyés par ces athlètes de la délégation française et, plus largement, par les 4 400 athlètes des Jeux paralympiques : démontrer aux personnes en situation de handicap qu'elles sont compétentes et qu'à un moment donné, on ne peut plus entendre qu'il y ait du décrochage scolaire. Parce qu'au-delà du système, qui effectivement n'est pas adapté, se pose aussi le problème de l'autocensure des personnes en situation de handicap. Leur regard sur leurs propres compétences doit évoluer. Il faut que le champ des possibles s'ouvre, aussi bien dans le sport que dans d'autres domaines de la société, pour que les personnes en situation de handicap ne s'interdisent plus d'envisager une autre réalité pour demain.

P. F. : Merci pour ce témoignage. Les Jeux olympiques, c'est un grand moment de fraternité, on l'a dit, d'éducation du regard, de rassemblement de tous les pays et de différents handicaps. Et si l'on poussait cette fraternité, ce partage, à leur paroxysme, par exemple en créant une nouvelle épreuve partagée par le Comité paralympique et sportif français et le Comité national olympique sportif français ? Un relais 4 x 100 m partagé, par exemple. Est-ce une piste envisageable ou juste une proposition qui ne sortira pas de cette discussion ?

M.-A. L. F. : Pour l'instant, ce n'est pas à l'ordre du jour. En revanche, organiser des championnats qui se tiennent au même moment, avec une même reconnaissance, les mêmes infrastructures, le même accompagnement, permettrait d'envisager des courses partagées, oui. Mais il faut que tout cela soit fait en bonne cohérence et en se demandant pourquoi on le fait et si, véritablement, cela sert le bon modèle. C'est le véritable enjeu.

P. F. : Et vous, David, que pensez-vous de cette idée de compétition partagée ?

D. L. : Je souscris totalement au propos de Marie-Amélie. Le week-end prochain commencent les Championnats du monde de cyclisme et de

Exposition au Panthéon

L'exposition *Histoires paralympiques, de l'intégration sportive à l'inclusion sociale (1948-2024)* a été présentée au Panthéon du 11 juin au 28 septembre 2024. Inaugurée en amont des Jeux olympiques, elle s'est poursuivie après la clôture des Jeux paralympiques, accompagnant l'ensemble des événements.

Ces « histoires », présentées de manière chronologique et pédagogique par les commissaires Anne Marcellini et Sylvain Ferez et par le conseiller scientifique Pierre-Olaf Schut, ont bénéficié d'une scénographie aérée, colorée, sensible et attrayante. L'objectif était de toucher un public nombreux: à la fois un public averti – sportif ou familier des questions de handicap –, mais aussi un public de proximité ou international de passage et un public scolaire.

Depuis leur origine, les Jeux paralympiques n'ont eu de cesse de construire des conditions d'égalité dans les parasports et d'accès équitable aux pratiques physiques et sportives partagées. Ils ont ainsi contribué et continuent de contribuer à l'inclusion des personnes autrement capables dans la société. Au Panthéon, qui compte parmi ses grands hommes l'inventeur de l'écriture universelle pour les malvoyants, Louis Braille, cette exposition entrait en résonance avec la mémoire de tous les combats en faveur de l'émancipation et de l'égalité, la lutte contre les discriminations et la reconnaissance des différences, que l'on pense à Joséphine Baker, Félix Éboué ou encore Victor Schœlcher. C'est donc tout naturellement que cette présentation a été pensée par le Centre des monuments nationaux et les équipes du Panthéon pour pouvoir être proposée au sein du monument.

La revendication d'une société plus inclusive a été autant que possible relayée dans l'exposition. Des supports tactiles, des traductions en langue des signes française et internationale, un accès à une audiodescription intégrale des textes ainsi qu'un livret « facile à lire et à comprendre » (FALC) ont été proposés. La programmation associée, au cours de sessions de témoignages et d'échanges, s'est efforcée de montrer la diversité des parcours des acteurs du paralympisme et les enjeux sociétaux du sport. L'engagement des personnes invitées a démontré que les valeurs du mouvement paralympique – courage, détermination, inspiration, égalité – peuvent parfaitement être associées aux valeurs de la République incarnées par les grands hommes et femmes présents au Panthéon.

Édouard Bueno - Responsable de la programmation culturelle du Panthéon

paracyclisme. La dernière fois, on a commencé avec toutes les disciplines ensemble, et on recommence cette année. Cela ne sera pas forcément le cas tous les ans, parce que parfois, il y a des problèmes logistiques, mais quand on peut le faire, on le fait. Je pense que l'inclusion doit être mesurée et que notre objectif ne doit pas être perdu de vue. Disons que l'idéologie ne doit pas prendre le dessus sur le côté pragmatique.

M.-A. L. F. : L'inclusion ne se décrète pas, elle se met en place. C'est lié à ce que disait David plus tôt : l'inclusion doit faire sens et être comprise, on doit lui donner de l'élan, mais de la bonne façon. Se pose aussi la question des moyens, parce que cette inclusion doit être accompagnée. Il faut que la pratique sportive soit adaptée, avec tout un système d'accompagnement qui permette à cette pratique de se faire dans le respect de la personne, de sa singularité, afin qu'elle puisse atteindre le meilleur niveau de performance. Pour cela, nous avons encore besoin de faire évoluer le modèle. Et nous menons en ce sens un combat commun avec l'IPS : le zéro reste à charge sur le matériel, et notamment l'appareillage lié à la pratique du sport.

Collectivement, il faut agir pour qu'il soit plus facile d'aller vers le sport, pour que cela ne soit plus un parcours du combattant. Nous devons donc agir sur l'offre sportive disponible, sur le coût de la pratique sportive et sur l'accompagnement humain.

P. F. : Je me permets d'intervenir. Je suis l'intervieweur, mais je voudrais apporter un petit témoignage pour rebondir sur ce que vous dites : à l'IPS, nous avons fait ce diagnostic de l'importance de l'accompagnement humain, de l'amont jusqu'à l'aval. On propose donc ce qu'on appelle la « consultation capacitaire » : on identifie la pratique, on réalise l'appareillage, le dispositif nécessaire, puis l'on détermine le club le plus proche du domicile. On s'est rendu compte que si nous n'accompagnons pas l'usager vers ce club, seuls 20 % d'entre eux prolongent une pratique assidue dans le temps. Mais avec un accompagnement plus poussé, ce pourcentage s'est élevé à 86 % sur une centaine d'usagers, ce qui commence à être significatif. Sur nos fonds propres, nous finançons ce qu'on appelle un « paracoach », qui, fort des premiers diagnostics et des éventuelles réserves de pratiques que nous avons établis, accompagne l'usager dans son club durant les deux premières séances. Par la suite, l'usager est plus fidèle. Il faut aussi citer l'enjeu de la transformation des clubs classiques en clubs para-accueillants : lorsqu'il n'existe pas de rampe d'accès, il faut porter le fauteuil. Donc, comme vous le dites, le plus important, ce n'est pas la norme d'usage, c'est la préparation psychologique et éducationnelle à recevoir les populations en situation de handicap.

P. F. : On a parlé du regard porté sur des collectifs, sur des situations. Maintenant, David, quel est le regard que vous portez sur Marie-Amélie ?

D. L. : Je connaissais Marie-Amélie avant d'être élu président du CNOSF, mais plus la championne que la personne. Je savais qu'elle était présidente du Comité, mais on n'avait pas eu l'occasion de se rencontrer. Aujourd'hui, cela fait un peu plus d'un an qu'on travaille ensemble. Cette aventure commune des Jeux olympiques et paralympiques de Paris 2024, ce Club France sur lequel on a sué, parfois, ensemble, nous a aussi rapprochés. Marie-Amélie est une femme d'engagement, de conviction, de caractère. Je pense qu'on n'est pas champion olympique à tant de reprises si on n'a pas un peu de caractère. Et Marie-Amélie, ce sont des convictions, un tempérament, mais aussi une capacité à rassembler, à écouter.

On a porté ensemble un autre dossier extraordinaire, celui des Jeux olympiques d'hiver de 2030 dans les Alpes françaises. J'apprécie de travailler avec Marie-Amélie et je suis admiratif de son engagement au quotidien.

P. F. : Merci, David. Vous confirmez que le regard, pour qu'il s'édifie, nécessite le frottement à l'autre ?

D. L. : Oui. Là, nous nous sommes frottés, mais au bon sens du terme.

P. F. : Marie-Amélie, je vous pose la même question : quel est le regard que vous portez sur David ?

M.-A. L. F. : Je pourrais reprendre beaucoup d'éléments du portrait que David a fait de moi. Je crois que notre première rencontre date du moment où David est devenu membre du CIO. Et plus le temps a passé, plus son siège s'est rapproché du mien puisque ses nouvelles fonctions l'ont rapproché de la table du conseil d'administration. Je me souviens que nous avons vraiment commencé à échanger à ce moment-là. Je lui posais des questions de fond, et j'ai rencontré quelqu'un qui était disponible et très agréable, à l'écoute, ce qui n'est pas toujours le cas dans les mondes dans lesquels on évolue. Et ce qui m'a particulièrement frappée dans les dossiers qu'on a eus en commun, c'est cette sérénité avec laquelle il travaille, même si les temps sont compliqués, même s'il y a eu des moments assez durs à passer, des moments charnières complexes. J'ai ressenti chez David un pragmatisme et une capacité à gérer les ego de chacun, à nous fédérer et à faire passer le projet au premier plan. Au-delà du dirigeant, j'ai eu la chance de rencontrer l'homme. Et je dois dire que, même si l'on s'est parfois trouvés en opposition, même si on représente deux institutions différentes avec des intérêts différents, on arrive toujours à se mettre d'accord en bonne intelligence, à s'entendre et à s'écouter.

P. F. : Ce qu'on peut constater, c'est que la France a la chance d'avoir une présidente et un président de grande qualité pour ses Jeux. S'il vous reste, c'est certain, encore des choses à faire, vous avez déjà beaucoup fait.

« L'inclusion ne se décrète pas, elle se met en place.

▶ Cérémonie de clôture des Jeux paralympiques au Stade de France, le 8 septembre 2024.

PARIS 2024
D1
C6
64
61

PARiS 202

Regard d'un spectateur engagé

Par Philippe Fourny, avec les contributions de Mathilde Barbier et Kevin Therenty

Je travaille dans le secteur du handicap depuis quinze ans et j'écris depuis quarante, la rencontre de ces deux passions était inévitable… Elle a commencé par la publication, en 2011, d'*Homo erectus: le combat d'une profession* au cherche midi éditeur, qui retrace l'histoire de la profession des orthoprothésistes et a obtenu le prix spécial du jury Handi-Livres en 2013. Elle s'est notoirement prolongée en 2022 par le lancement, toujours au cherche midi, de la collection « Regards sur… » dont le premier tome est consacré au sport et le suivant à la cuisine. Et, en 2024, sont arrivés les Jeux paralympiques, rendez-vous glorieux pour la France organisatrice et sujet incontournable pour la collection que je dirige et la fonction que j'occupe au sein de la Fondation IPS (Institut Parasport & Santé).

Bien que je sois très impliqué dans le parasport, et malgré mes demandes réitérées, je n'ai bénéficié d'aucun accès privilégié aux épreuves. Non seulement je ne méritais peut-être pas ces passe-droits, mais ma réflexion et mon penchant naturel m'ont incité à prendre ce refus comme il le faut: une donnée à transformer en chance. Une chance, car les privilèges et le handicap ne font pas bon ménage: du lever au coucher du soleil, le quotidien d'une personne en situation de handicap et celui de ses éventuels aidants est fait d'activités et de tâches plus longues, plus programmées, plus coûteuses en énergie… Une chance également car, de l'achat en ligne des billets aux spectacles sur place ou à la télévision, en passant par l'accès aux manifestations, j'allais vivre comme tout le monde ces Jeux paralympiques de Paris 2024. Muni de ma besace d'auteur et d'acteur engagé dans la promotion du parasport-santé, j'écrirai donc le journal d'un spectateur engagé.

▼

Assister aux Jeux paralympiques – comme aux Jeux olympiques –, cela commence par l'achat de billets. La quête est parfois difficile, voire impossible. Ainsi, je ne parviendrais pas, malgré mes efforts, à assister aux épreuves d'escrime au Grand Palais, ni à celles de tir sportif à Châteauroux. Mais une fois le billet obtenu, l'application intégrera le sésame avec des instructions explicites quant aux modalités d'accès et aux emplacements dans les tribunes.

Je débute ces Jeux par un relais de la flamme paralympique à Houdan, commune rurale et chic située à la limite des Yvelines et de l'Eure-et-Loir. Les forces de l'ordre présentes sont impressionnantes, et une barrière dressée entre la foule et les officiels me donne une impression assez désagréable de séparation entre le peuple et les élites. Mais sans doute la présence de Gérard Larcher, président du Sénat et deuxième personnalité de l'État, justifie-t-elle ces précautions. Au demeurant, cette forte concentration de forces de l'ordre se confirmera ultérieurement et participera au déroulement apaisé des épreuves.

Le spectateur que je suis attend la cérémonie d'ouverture avec des sentiments entremêlés de crainte et de confiance. La cérémonie diluvienne des Jeux olympiques du 26 juillet a été unanimement et fort justement saluée pour son originalité et sa puissance. Assisterais-je à une cérémonie dégradée pour les Jeux paralympiques ? Il n'en est rien. Le mélange original des ballets d'ouverture, entre *Matrix* et Stockhausen, suivi d'une réorchestration de « Je ne regrette rien » d'Édith Piaf, donnent le ton d'un *melting-pot* culturel audacieux et réussi, que l'on retrouvera au fil des cérémonies. Le salut de la Patrouille de France aux délégations étrangères nimbe le ciel d'un étendard tricolore vaporeux. Le défilé des délégations étrangères nous force à revoir notre géographie et l'histoire. À un athlète albinos du Bénin succède un Afghan amputé et, sous la bannière du Cameroun, on voit un sportif atteint de la polio s'avancer sur ses béquilles. La porte-drapeau naine de Centrafrique affiche un sourire éclatant qui illumine son visage. La délégation grecque arbore, en plus du drapeau national, celui de la République française : c'est chic. Le Nigeria anime son défilé d'un ballet de fauteuils roulants et la délégation israélienne a visiblement bénéficié d'accompagnants officiers de sécurité. Mais c'est la délégation des réfugiés qui reçoit le plus d'applaudissements, avec celle de la France bien entendu. Au sein de cette dernière, accueillie par le mythique « Aux Champs-Élysées » de Joe Dassin repris à tue-tête par la foule serrée sur les gradins qui entourent la scène centrale, je distingue Yannick Noah, Michaël Jérémiasz et Stéphane Houdet, nos vedettes françaises du tennis. J'aperçois au loin les silhouettes de la tribune officielle qui se sont levées et agitent un fanion aux couleurs de la France, tout comme s'agite la traîne improbable du DJ qui salue également de la main la délégation. Les témoignages se succèdent sur les écrans géants et ceux que l'on voit défiler sur la place de la Concorde confortent le message de ces Jeux : « mon corps est mon allié, il faut l'aimer et je peux le diriger et le mouvoir selon ma volonté, qui n'a pas de limite ». Puis un chanteur aux faux airs de Freddie Mercury – je saurais plus tard qu'il s'agit de Lucky Love – enlève sa veste au cours de son interprétation et nous fait découvrir une absence de bras gauche. Nous sommes ce soir vraiment tous égaux et la Concorde n'a jamais mieux porté son nom. Andrew Parsons, le président de l'IPC (équivalent du CIO pour les Jeux paralympiques), ne s'y est pas trompé. Son discours est enlevé, inspiré par ce lieu, dans la patrie des droits de l'homme. Il présente cet événement comme « le plus transformateur du monde », comme une véritable révolution paralympique qui est la révolution de l'inclusion : liberté, égalité, fraternité. J'ai l'impression d'avoir assisté à une immense messe laïque. Me voilà évangélisé, prêt à assister aux épreuves.

▼

La première qu'il m'est donné de voir est un match de volley assis féminin entre le Brésil et le Rwanda, qui se déroule à

L'IPS reçoit une délégation du comité paralympique rwandais

C'est une délégation de dix membres menée par le jeune et sympathique président du comité paralympique rwandais, Jean-Baptiste Murema, et par la dynamique capitaine de l'équipe féminine nationale de volley assis, Liliane Mukobwankawe, que Philippe Fourny, directeur général de l'IPS, et Léo Barassin, enseignant en activité physique adaptée (EAPA) au sein de l'unité parasport-santé de Garches, ont eu le plaisir de recevoir le 6 septembre 2024. Le Dr Joseph Rukelibuga, président de l'association rwandaise contre l'AVC Stroke Action Rwanda, et Edmond Deschoolmeester, président de la fondation belge Papa Jack[1], participaient également à cette rencontre par visioconférence. L'objet de cette première réunion en présentiel, initiée par le Dr Rukelibuga, était de faire le bilan de l'utilisation par l'équipe nationale rwandaise de volley assis de l'application d'auto-entraînement « Jm'entraîne », conçue par l'IPS et inaugurée à Kigali au mois de mai 2022. L'application est destinée à l'ensemble des populations en situation de handicap désireuses d'entretenir une bonne forme physique dans un contexte d'accompagnement lacunaire. Elle a été utilisée de manière intensive et régulière entre 2022 et 2024 par l'équipe de Liliane Mukobwankawe, cette dernière ayant même affirmé que c'est grâce à ces entraînements que l'équipe avait pu être sélectionnée pour les Jeux paralympiques de Paris 2024.

Cette présence à Paris était donc l'occasion pour les équipes de l'IPS de féliciter nos amis rwandais, mais également et surtout d'identifier les pistes d'amélioration de l'application et les moyens d'en favoriser la diffusion, notamment auprès des autres comités paralympiques africains.

Le Rwanda étant majoritairement anglophone, nos amis rwandais ont d'abord insisté sur l'importance de développer une version anglaise de l'application. Edmond Deschoolmeester a indiqué que la fondation Papa Jack participerait à cette opération, l'IPS s'engageant de son côté à rechercher des sponsors complémentaires pour réunir le budget nécessaire. Par ailleurs, le président Jean-Baptiste Murema et ses collaborateurs du comité paralympique rwandais se sont engagés à favoriser l'usage de l'application au niveau national pour l'ensemble des autres disciplines paralympiques (on dénombre actuellement au Rwanda plus de 1 000 para-athlètes !), mais également auprès de leurs confrères des 53 autres pays africains, en priorisant dans un premier temps ceux de l'Afrique de l'Est.

Une nouvelle rencontre est prévue en 2025 pour faire le point sur l'avancement de ces deux chantiers et préparer concrètement une présentation de la version bilingue de l'application Jm'entraîne lors d'un congrès panafricain à venir.

Philippe Fourny

1. La fondation internationale Papa Jack (anciennement Interbor) promeut les bonnes pratiques d'appareillage orthopédique au niveau international.

Gabriel dos Santos Araujo, le phénomène des Jeux paralympiques de Paris 2024

À 22 ans seulement, **Gabriel dos Santos Araujo**, jeune nageur brésilien, présente déjà un palmarès impressionnant en natation paralympique. Atteint de phocomélie, une malformation de naissance qui lui a laissé des moignons au niveau des épaules et des jambes, il a dû faire de ses limites physiques un atout pour s'imposer dans la vie et dans sa discipline. Dès 2015, il se lance dans la compétition lors d'un tournoi scolaire. Son talent le mène très vite aux Jeux de Tokyo, en 2021, où il décroche deux médailles d'or et une d'argent. Aux Jeux de Paris 2024, il arrive avec un objectif clair : « Transformer l'argent en or. » Pari tenu, puisqu'il repart de ces Jeux avec trois médailles d'or autour du cou, au 200 mètres nage libre, 50 mètres dos et 100 mètres dos. Dans sa catégorie S2, réservée aux handicaps physiques lourds, Gabriel a développé un style de nage unique : de longues coulées et un mouvement d'ondulation du bassin à la seule force de son cou, rappelant la nage d'un dauphin. Sa technique, aussi fascinante qu'efficace, fait de lui une figure iconique des Jeux paralympiques de Paris. On peut dire que Gabriel a su nager à contre-courant pour atteindre les sommets !

Mathilde Barbier

l'Arena Paris Nord, sur le site du parc des Expositions de Villepinte. Je soutiens tout particulièrement l'équipe rwandaise, dont la capitaine, Liliane Mukobwankawe, a promu l'application d'auto-entraînement Jm'entraîne, conçue par le Pr. François Genêt et réalisée par l'IPS, que je dirige. Cette grande athlète a en effet témoigné que son utilisation régulière a permis à son équipe d'être sélectionnée pour les JPO de Paris (lire encadré page 67). Je ne pouvais manquer cette rencontre ! Arrivé à la gare RER de Villepinte, un maillage serré de bénévoles, de forces de l'ordre et de panneaux indicateurs jalonne le chemin qui mène à l'Arena Paris Nord, plus habituée aux salons professionnels qu'aux rencontres sportives. La clameur des supporters traverse l'enceinte. J'arrive dans une salle clairsemée mais animée par l'enthousiasme des spectateurs et par un chauffeur de salle très allant. Je suis surpris à la fois par le nombre impressionnant de remplacements – ça tourne beaucoup –, et par une forme d'asymétrie entre les deux équipes. Les Brésiliennes comptent plus d'athlètes marchants que les Rwandaises, et cela semble leur procurer un avantage concurrentiel pour se déplacer sur le terrain. J'assiste à une défaite des Rwandaises mais à un combat de lionnes. Le très haut niveau est bien au rendez-vous, même au ras du sol.

▼

Le lendemain, direction le Vélodrome national, à Saint-Quentin-en-Yvelines, mais cette fois-ci en voiture. Mal m'en a pris, le parking est à un kilomètre du stade. L'enceinte est majestueuse avec sa portée de toit impressionnante. Les épreuves se succèdent et les records tombent les uns après les autres. Une DJ, Clotilde Floret Makris, assure une ambiance d'enfer. Le contre-la-montre C4 est visiblement une spécialité anglaise : la finale des hommes compte trois Britanniques pour six compétiteurs. Ça va très vite et ici le handicap est souvent peu visible, il se fait oublier devant ces exploits sportifs extraordinaires, dont le spectacle nous emporte.

▼

Trois jours après la cérémonie d'ouverture, c'est à Paris La Défense Arena que je me rends, parcourant, comme à Villepinte et Saint-Quentin-en-Yvelines, un très long chemin à pied. Peu avant l'entrée, des portraits accompagnés de témoignages de grands champions sont exposés. Je retiens celui de la championne de tennis Amélie Mauresmo : « Je ne veux pas être le porte-parole de quoi que ce soit, sauf de la tolérance. » Bien vu, bien dit, et c'est une belle introduction à ce que je vais découvrir dans les bassins. Cette piscine, bien qu'éphémère, est déjà mythique, marquée par les exceptionnelles performances de Léon Marchand. Le stade est absolument bondé et cette fois, le handicap est vraiment visible, ce qui redouble notre admiration pour les performances exceptionnelles réalisées, même lorsque les résultats au classement ne sont pas au rendez-vous. Le dernier nageur est ainsi vivement encouragé alors que les premiers concurrents ont déjà touché le bord du bassin et, aidé par un tiers lors de sa sortie de l'eau, il est même plus applaudi que ses devanciers. L'eau nous apparaît comme un élément d'autonomie inégalé pour ces compétiteurs. On ne comprend pas toujours très bien la catégorisation

Claire Ghiringhelli, ne jamais rien lâcher

C'est la première fois que la Suisse concourait aux Jeux paralympiques en para-aviron (catégorie PR1 W1x), grâce à la Franco-Suisse Claire Ghiringhelli. Cette ingénieure de 46 ans, mère de trois enfants, a découvert l'aviron en 2018, un an après son opération d'une tumeur cancéreuse de la moelle épinière. En situation de paraplégie incomplète, cette battante n'a jamais rien lâché : ni son rôle de mère ni sa carrière d'ingénieure en matériaux et procédés aéronautiques. Depuis qu'elle est handicapée, elle travaille à 50 %, et s'est très récemment reconvertie dans les ressources humaines au sein de la même société. Afin d'atteindre ses objectifs en aviron pour Paris 2024, elle a pris sept mois de congé. Toute l'équipe de l'IPS, qui la suit depuis 2022, a été impressionnée par la force de sa volonté, par sa capacité à utiliser ses talents d'ingénieure pour accompagner l'adaptation de son embarcation et par son travail acharné pour développer son renforcement musculaire. Dans sa catégorie, contrairement à l'aviron valide, « 80 % du travail est exercé par les jambes, 15 % par le dos et seulement 5 % par les bras. Avec les lombaires fixées au dossier et sans la force des jambes, j'ai juste la force des bras et des épaules pour ramer », explique-t-elle. Athlète pugnace, Claire Ghiringhelli est aussi toujours élégante et pédagogue lorsqu'elle présente son chemin de vie professionnel, privé et sportif. Ce sont ce parcours, cette énergie et cette résilience qui ont séduit l'IPS et les laboratoires AbbVie, tous deux sponsors de la Franco-Tessinoise. Sa campagne sur les réseaux sociaux a été vue par plus de 3,3 millions de personnes, a entraîné 16 829 engagements sur les tweets (clic sur la publication/lancer la vidéo, RT, like, agrandissement photo, réaction, clics sur les liens) et 936 631 vues sur ses vidéos (à partir de 2 secondes de visionnage) : Claire Ghiringhelli est devenue un modèle qui force l'admiration. L'accueil chaleureux des supporters armés de retentissantes cloches alpestres sur le site olympique de Vaires-sur-Marne en a témoigné. Terminant 8e de sa catégorie, elle est donc diplômée de l'IPC sans être médaillée. Forcément déçue, elle a appris de cette épreuve qu'il faut savoir doser et gérer son stress et sa réserve d'énergie durant ces onze minutes d'efforts extrêmement intenses. L'horizon des Jeux paralympiques de Los Angeles en 2028 est désormais le sien, avec, évidemment, des ambitions de médaille. Elle y croit. Nous aussi.

Philippe Fourny

des épreuves, qui voient s'affronter des athlètes dont les handicaps sont parfois très différents. Mais une fois de plus, l'important n'est ni de comparer ni même de comprendre, mais de communier collectivement dans l'admiration béate des performeurs et des performeuses. Je suis impressionné par le ballet des caisses à peignoir présentées au pied des plots de plongeon par des assistants tout à fait synchrones. Les juges sont également parfaitement coordonnés, ainsi que les « tappers » des nageurs malvoyants, des aidants qui, munis de longues perches, signalent par une tape sur le dos de leurs nageurs l'arrivée proche de la fin de la longueur.

▼

Le lendemain, le 1er septembre, je ne change pas de milieu, mais de discipline : ce sera le para-aviron sur le site de Vaires-sur-Marne où, à l'instar du volley assis, je souhaite encourager la seule et la première compétitrice suisse dans cette discipline, Claire Ghiringhelli (découvrir son portrait ci-contre), que nous suivons à l'IPS depuis ses débuts. Je suis venu en voiture. Mauvaise pioche, je vais devoir parcourir près de 9 kilomètres à pied durant cette journée ! Une activité physique salvatrice certes, mais involontaire... Cependant, pour le dernier kilomètre, une navette électrique est proposée, qui circule au milieu du cordon alterné de bleu et de vert que forment les forces de l'ordre et bénévoles, tous toujours souriants et bienveillants. La concorde inaugurale se prolonge sans discontinuité. Un attroupement joyeux de supporters anglais et suisses s'anime au pied des gradins. Claire est encouragée avec ferveur par des vivats et des tintements de cloches alpestres. Nous sommes nombreux à patienter pour une photo avec la vedette du jour, telle une rock star. Je ne peux m'empêcher de penser à la fameuse phrase de Letizia Bonaparte au sujet du règne de son génial fils : « Pourvu que ça dure... » Les gradins sont situés au niveau de l'arrivée, et à une distance de 2 000 mètres du départ. C'est très long, 2 000 mètres, et le relais visuel d'écrans géants est bienvenu ! Quelques spectateurs prévoyants, et sans doute également connaisseurs de la discipline, sont venus munis de jumelles ; c'est ce que j'aurais dû faire pour mieux vivre les épreuves. Les compétiteurs se distinguent plus clairement et les stratégies de course s'affirment à mesure que les canots se rapprochent de l'arrivée, et les hourras et encouragements de la foule montent en puissance. Ici également, à l'instar du paracyclisme, le handicap est absolument invisible, grâce à la poignée adaptée à la rame et au siège à l'assise conformée au handicap : seule la performance est saluée, sans distinction. Seul l'affichage de la catégorie – et donc de la nature du handicap – nous renseigne, mais j'ai la nette impression que nous sommes très nombreux à n'y prêter aucune attention. Claire Ghiringhelli a décroché un diplôme paralympique, c'est le plus important pour moi. La première rameuse suisse aux Jeux paralympiques s'est classée huitième.

▼

Le soir de ce même jour, je décide de regarder, en direct à la télévision, l'épreuve de cécifoot pour laquelle je n'ai pu obtenir de place. Je n'ai encore jamais vu un match de cette discipline qui, comme la boccia, est exclusivement représentée aux

Jeux paralympiques. Les yeux bandés de tous les joueurs (à l'exception du gardien) nous invitent au cœur du parasport. Alors que dans de nombreuses disciplines auxquelles j'ai assisté, telles que le cyclisme et l'aviron, le handicap est quasi imperceptible, ici, il est mis en avant. Et c'est spectaculaire ! Le rythme d'abord, avec des séquences courtes (deux sessions de vingt minutes pour les non-voyants et de vingt-cinq minutes pour les malvoyants) et des changements de joueurs fréquents qui me font penser au rugby à 7 des JO, que j'ai découvert et apprécié un mois auparavant. La performance ensuite, avec les démarches à la Charlot de ces joueurs qui avancent avec fougue et assurance malgré leurs yeux bandés, guidés par la clochette contenue dans le ballon qu'ils ont rivé aux pieds. C'est incroyable ! Et l'assistance joue le jeu, n'émettant pas un bruit afin de ne pas perturber le match, et invente même à cette occasion la ola silencieuse ! La finale France-Argentine, pleine de tension et de rebondissements, est pour moi l'exemple d'un spectacle réussi et inclusif, qui fédère spectateurs voyants et joueurs non-voyants dans une même tension joyeuse.

▼

Je me rends le lendemain à l'Arena Champs-de-Mars, à quelques mètres de la tour Eiffel, où s'était déroulée la compétition de cécifoot, afin d'assister à une rencontre France-Canada de rugby fauteuil où se joue le classement à la 5e place. Ici, il s'agit bien d'un sport de combat collectif, et d'un sport mécanique : on y retrouve un peu de *Rollerball* et de *Mad Max*, mais au lieu de patins à roulettes ou d'engins motorisés improbables, il s'agit ici de fauteuils roulants pilotés par des estropiés. Et ça y va ! Cédric Nankin, amputé bilatéral des quatre membres, fait preuve d'une pugnacité et d'une vélocité incroyables. C'est un gymkhana fait de successions d'évitements fugaces et de percussions spectaculaires qui peuvent entraîner le renversement du fauteuil. Une aide pour se relever est alors nécessaire, et c'est reparti comme si de rien n'était. Même pas mal ! Et l'animation emporte l'assistance dans une grande cavalcade rythmée de reprise de standards, de Jean-Jacques Goldman à Plastic Bertrand en passant par Claude François, d'une ola en version ralentie, l'ensemble illuminé par le scintillement des bracelets remis à l'accueil et portés par tous. Ce parasport tient du hockey et du football américain, avec ses séquences courtes, intenses et très rythmées et ses enchaînements préparés à l'avance. Ces règles entraînent des scores très proches et donc une tension forte pour le spectateur, qui est immédiatement plongé dans cette succession de chocs. Menée par son vaillant et attachant capitaine, Ryadh Sallem, qui fait ce jour-là ses adieux, l'équipe de France l'emporte finalement contre le Canada, par 53 à 50. Bravo l'artiste, bravo les artistes, vous êtes tous nos champions !

▼

Le lendemain soir, je suis au Club France, situé dans le parc de La Villette. Cette géniale initiative, portée par la volonté de rendre hommage aux athlètes et para-athlètes, a rencontré un succès incroyable. Base arrière médiatique, lieu d'exposition, de réception des sponsors et de communion quotidienne entre l'assistance et les médaillés du jour, le Club France est

Frédéric Villeroux, né le 30 juin 1983 à Montpellier, est une légende du cécifoot français et international. Malvoyant depuis l'enfance, il est atteint d'un glaucome et d'une cataracte. Pour définir sa vue, il prend l'exemple d'un miroir embué d'une salle de bains. Le « Zidane » du cécifoot, selon de nombreux médias, s'impose au poste d'attaquant et est reconnu comme l'un des meilleurs joueurs au monde. Bien qu'il ait grandi dans un milieu plutôt porté sur le rugby, sa passion pour les sports collectifs l'amène à découvrir le football à 5 en 1998, un déclic qui transformera sa vie. En 2012, en tant que capitaine de l'équipe de France, il conduit les Bleus jusqu'à la médaille d'argent aux Jeux paralympiques de Londres. En demi-finale face à l'Espagne, il s'illustre en marquant les deux buts de la rencontre, propulsant la France en finale. Bien que les Bleus s'inclinent face au Brésil, Villeroux inscrit son nom parmi les plus grands de sa discipline. Cependant, en 2013, il quitte l'équipe pour protester contre l'éviction de son sélectionneur et entraîneur de club, Toussaint Akpweh. Privée de son capitaine, la France termine 15e au Mondial 2015. Son retour en 2018 marque un tournant (comme celui d'un autre numéro 10…). Avec Villeroux, la France atteint la finale de l'Euro 2019, à l'issue de laquelle il est élu meilleur joueur. Il prend alors des responsabilités au sein de son club, le Sport athlétique mérignacais, devenant capitaine, préparateur physique et entraîneur adjoint. L'année suivante, il rejoint aussi le staff de l'équipe de France espoir, dédiée aux jeunes talents de 16 à 23 ans. Le 7 septembre 2024, Frédéric vit son rêve ultime : la finale paralympique à Paris, dans le cadre grandiose des jardins de la tour Eiffel. Face à l'Argentine, il ouvre le score et, dans un suspense haletant, inscrit le tir au but décisif qui offre la médaille d'or aux Bleus. À la suite de cette victoire historique, Frédéric annonce sa retraite internationale, mettant fin à une carrière éblouissante et inspirante.

Kevin Therenty

Frédéric Villeroux, découverte et ferveur au pied de la tour Eiffel

Gloria Agblemagnon, une para-athlète de poids

Gloria Agblemagnon a 27 ans lorsqu'elle participe aux Jeux paralympiques de Paris 2024. Née dans une famille de sportifs, elle se découvre un talent pour le lancer dès l'âge de 13 ans. Alors qu'elle évolue encore en juniors, elle se qualifie pour les Jeux paralympiques d'été de 2016 en lancer de poids, dans la catégorie F20, destinée aux athlètes ayant une déficience intellectuelle. En 2016, elle se distingue également au lancer du disque et du marteau aux championnats d'Europe pour les athlètes ayant un handicap mental, les INAS Global Games, et remporte la médaille d'or. Parmi les différentes catégories du sport adapté, la déficience intellectuelle est la seule prise en compte aux Jeux paralympiques. Trois disciplines sont ouvertes : para-athlétisme, paratennis de table et paranatation. Gloria confie au micro de « Télématin » sur France 2 : « J'ai des difficultés à comprendre certaines choses. À l'école, j'étais dans des classes de remise à niveau, comme des unités localisées pour l'inclusion scolaire (Ulis). J'avais besoin de plus de temps. » Encouragée par la présence de sa famille et par ses performances prometteuses à l'entraînement, elle bat au cœur d'un Stade de France chauffé à blanc son record personnel (13,90 m) avec un lancer à 14,43 m lors de son quatrième essai. Visiblement transcendée par l'événement, Gloria Agblemagnon, qui n'avait jusqu'ici pas fait mieux qu'une 8e place aux Jeux paralympiques de Tokyo, en 2021, termine 2e derrière la britannique Sabrina Fortune – qui a également battu son propre record du monde (15,12 m). Quand elle était enfant, on lui posait souvent cette question : « Gloria, faible ou forte ? » Le stade a répondu unanimement ce jour-là.

Philippe Fourny

un lieu de ferveur. Le podium pénètre dans la foule et les rock stars du jour, dont les noms sont scandés, sont rappelés comme au théâtre et sont touchés par les spectateurs proches du podium, comme pour le toucher royal des écrouelles. On ressent la communion, la joie et le patriotisme avec une *Marseillaise* entonnée spontanément par l'assistance. Le moment est très intense en émotion. Dans la soirée, j'enchaîne avec une réception des partenaires de l'IPS et de la Métropole du Grand Paris. Le président de cette dernière, Patrick Ollier, nous fait alors part de son soutien à l'IPS : François Genêt et moi ressentons alors une émotion certes plus intériorisée que celle que nous exprimions au Club France, mais non moins forte…

Après cette soirée festive, je me rends à l'Arena Paris Sud, porte de Versailles, pour suivre des épreuves de paratennis de table, rare discipline – avec la natation – à intégrer les déficients intellectuels. La salle offre aux spectateurs la possibilité de suivre, sur un même écran, plusieurs matchs qui convoquent une grande variété de handicaps. Si l'on regrette de ne pas percevoir finement effort et technique du fait de la distance, on est heureux de voir tous les handicaps réunis dans une même quête de performance : un moment unique dans ces Jeux. Le public est absolument conquis par le spectacle et par la jeune et jolie Flora Vautier, encouragée par la foule qui scande son nom et martelle les gradins. Je m'y associe bien volontiers.

▼

En soirée, comme pour le cécifoot, j'ai choisi de suivre la retransmission des épreuves d'athlétisme sur France Télévisions. J'ai en conscience échangé la ferveur contre la pédagogie, et je ne vais pas le regretter. La caméra donne à voir précisément le travail des lames de course, en particulier sur l'aire de saut en longueur. Je suis avec passion les efforts de Dimitri Pavadé pour battre l'incroyable Markus Rehm, qui demeurera indétrônable. Les explications techniques et historiques du consultant Sami El Gueddari, ancien para-athlète lui-même, fluidifient la compréhension des épreuves qui se succèdent. Elles permettent notamment de comprendre la stratégie de l'accompagnant des non-voyants, qui décélère juste avant la ligne d'arrivée afin qu'aucune partie de son corps ne devance l'athlète qu'il guide. La caméra s'attarde fort légitimement sur les compétiteurs français, parmi lesquels le lanceur de poids Badr Touzi – on l'espère porté par la performance de la française Gloria Agblemagnon qui, trois jours auparavant, a remporté une médaille d'argent dans la même discipline. Arnaud Assoumani, quant à lui, devra se contenter d'une 5e place au saut en longueur. Malheureusement, ce ne sera pas la soirée des médailles pour les para-athlètes français, malgré le soutien constant dans les tribunes, où les supporters arborent fièrement les portraits de leurs idoles. Au-delà des médailles, c'est aussi l'enthousiasme des fans qui, incontestablement, a fait de ces Jeux paralympiques de Paris 2024 un succès.

▼

Le 5 septembre, deux jeux de balle sont à l'honneur : le tennis fauteuil et la boccia. Direction Roland-Garros, où se tient sur le court central la finale double femmes du tennis fauteuil, qui voit

Le Néerlandais Niels Vink lors de l'épreuve double hommes de tennis fauteuil à Roland-Garros, le 2 septembre 2024.

Flora Vautier, le 4 septembre 2024,
à l'Arena Paris Sud.

> “ L’impatience des joueuses est spectaculaire : elle ne se traduit pas, comme chez leurs consœurs valides, par un piétinement d’une jambe sur l’autre, mais par de rapides va-et-vient sur leurs fauteuils qui enchaînent des virages serrés.

s’affronter le Japon et les Pays-Bas. Bien que les gradins soient clairsemés, je suis saisi par le contraste avec le tournoi de Roland-Garros qui s’est déroulé quelques mois plus tôt. Lors des matchs de tennis fauteuil, qui s’étaient déroulés en parallèle du tournoi des « valides », les bancs étaient alors quasiment vides et l’assistance n’était composée que de la famille, de quelques amis et du staff technique des joueurs. Bon point donc pour ces Jeux paralympiques. L’impatience des joueuses est spectaculaire: elle ne se traduit pas, comme chez leurs consœurs valides, par un piétinement d’une jambe sur l’autre, mais par de rapides va-et-vient sur leurs fauteuils qui enchaînent des virages serrés. Elles veulent en découdre. Et effectivement, ça cogne fort chez les filles. Elles ne lâchent rien et c’est un ballet qui occupe tout l’espace. Chaque balle est jouée comme s’il s’agissait d’un jeu décisif. Il y a en fait plus de déplacements que chez les valides, et les deux rebonds autorisés facilitent les échanges. L’intensité des applaudissements répond à l’intensité des échanges, qui augmentent à mesure que se rapproche la fin de l’épreuve. Ce sont les Japonaises qui l’emportent. L’absence de Française en finale – on pense en particulier à Pauline Déroulède – est compensée par la magie du lieu et la fierté d’apprendre que ce sont les Français qui sont à l’origine de cette discipline.

Le score final à peine affiché, je quitte la porte d’Auteuil pour rejoindre en scooter la toute proche porte de Versailles où se tient, à l’Arena Paris Sud, la finale mixte de boccia, lors de laquelle s’affrontent la Chine et l’Indonésie. Ce mélange de pétanque et de jeux d’échecs est la seule discipline, avec le cécifoot, exclusivement paralympique. J’avais bien assisté, à une consultation d’un jeune pratiquant désireux d’améliorer le maintien sur son siège à l’IPS, à une démonstration parasportive place de la République, à Paris, ainsi qu’à une découverte de la discipline lors de la pose de la première pierre

Aurélie Aubert, de l'ombre à la lumière

À 27 ans, **Aurélie Aubert** a non seulement marqué l'histoire de la boccia par ses performances, mais a surtout placé sa discipline directement sous les projecteurs. Née avec une paralysie cérébrale qui limite fortement ses mouvements, elle découvre ce sport en 2010, mais peine d'abord à y trouver du plaisir. En 2012, lorsqu'elle décroche la 4e place aux championnats de France, quelque chose change. Cette performance relance sa motivation et elle se prend enfin au jeu. Comme le disait Stephen Hawking, « le handicap ne peut pas être un handicap ». Cet adage, Aurélie l'incarne pleinement : trois ans plus tard, en 2015, sa détermination la mène jusqu'à l'équipe de France. Aux Jeux paralympiques de Paris 2024, elle remporte la première médaille d'or française en boccia, catégorie BC1, après un match serré contre la Singapourienne Yee Ting Jeralyn Tan. Ce succès marque un tournant, non seulement pour elle, mais aussi pour la visibilité de la boccia. Élue porte-drapeau pour la cérémonie de clôture, elle a même eu l'honneur d'éteindre la flamme olympique. Avec cette médaille, Aurélie a fait d'un simple essai une réussite en or.

Mathilde Barbier

Avez-vous déjà essayé de nager 750 mètres ? Rouler 20 kilomètres à vélo ? Courir 5 kilomètres ? C'est probable... Et trois à la suite en moins d'une heure et avec une prothèse tibiale ? C'est tout de suite plus compliqué... Mais pas pour **Alexis Hanquinquant**. Né le 28 décembre 1985 à Yvetot, en Seine-Maritime, il incarne la résilience et l'excellence dans le paratriathlon. Double champion paralympique et multichampion du monde, d'Europe et de France dans la catégorie PTS4, il est aujourd'hui l'un des plus grands noms de sa discipline. Avant de conquérir le monde du triathlon, Alexis brille en boxe full-contact, remportant un titre national en moins de 86 kg en mai 2010. Cependant, sa carrière bascule brutalement après un grave accident de travail en août 2010, dans lequel il perd une partie de sa jambe. Loin de renoncer, il se tourne alors vers le triathlon, une discipline qu'il embrasse avec la même ferveur que la précédente. Alexis est aussi père de deux enfants, pour qui il est une source de fierté et d'inspiration. Aux Jeux paralympiques de Tokyo, en 2021, il décroche l'or dans la catégorie PTS4, réalisant un rêve qui le place sous les projecteurs mondiaux. En 2024, son parcours prend un tournant symbolique : il est choisi comme porte-drapeau de la délégation française aux Jeux de Paris, aux côtés de l'athlète Nantenin Keïta. Le 28 août, il fait partie des cinq relayeurs choisis pour allumer la vasque paralympique, et nous offre un moment chargé d'émotion. Aux Jeux de Paris, Alexis ajoute à son palmarès un deuxième titre paralympique en catégorie PTS4 en remportant l'or dans une ambiance électrique. Cette victoire scelle son statut de légende.

Kevin Therenty

Alexis Hanquinquant, héros pour tous les Français

de l'IPS, un bon mois plus tôt, mais jamais à une compétition. Je connais l'Arena Paris Sud pour y avoir assisté à divers salons, mais je ne m'y suis jamais rendu pour une manifestation sportive. Ici, peu de monde aux abords du Parc des expositions, et une faible clameur à l'approche de ce qui, de loin, ressemble à une boîte dans une boîte. L'espace de boccia est bordé de gradins qui forment comme une palissade logée au fond d'une aile immense. Mais passé l'entrée, je découvre une enceinte bondée de spectateurs aux yeux rivés vers l'espace où se tiennent les épreuves. Ici, le handicap ne peut être ignoré, il est sévère et visible. Tous les joueurs sont dans des fauteuils roulants. Une joueuse traversée de mouvements incontrôlés attend un certain temps avant de lancer la balle : nous sommes tous suspendus à ce moment, qui est ensuite ovationné par un tonnerre d'applaudissements. Nous saluons tous l'immense contrôle de soi que cela suppose et la dextérité de son lancer. Comme pour l'aviron et le tennis de table, une paire de jumelles aurait été la bienvenue. Mon ignorance crasse des règles ne m'empêche pas d'être impressionné par la concentration de ces athlètes. Et c'est bien volontiers que je me cale sur un public averti, qui salue par des applaudissements nourris l'affichage par l'arbitre du côté noir ou rouge d'une raquette tendue à bout de bras. Ici rien n'est spectaculaire, tout est impressionnant.

▼

J'ai réservé ma dernière manifestation à l'équitation, et plus précisément aux épreuves de paradressage qui se déroulent dans les jardins du château de Versailles. On comprend qu'avec des environnements iconiques comme les bords de Seine, la tour Eiffel et le Grand Palais, les spectateurs étrangers aient été subjugués par nos Jeux olympiques et paralympiques. À l'accueil, un animateur juché sur une chaise d'arbitre de tennis nous indique : « Vous allez voir, on est sympas, nous avons installé un château miniature au bout du site. » Et effectivement, après une très longue marche à travers une allée boisée de 3,5 kilomètres (qui peut être effectuée en voiturette électrique), qui nous fait passer, entre l'aller et le retour, devant le Grand Canal, le Petit Trianon et le Grand Trianon, je devine un manège entouré de gradins tel un cirque romain avec, au loin, le château de Versailles. Le chic versaillais est respecté : buissons taillés au cordeau et ornés de cocardes de fleurs, kiosque des juges ouvragé, couleurs pastel de la charte graphique des Jeux, veste Barbour des aficionados, tout est raccord. Pour cette épreuve de dressage, le parcours avec figures imposées est accompagné de musique, et c'est d'un signe de la main que les cavaliers donnent le top départ. L'affichage « Tech Score » et « Art Score » en pourcentages mériterait quelques explications, même si l'animateur indique dès le départ le score à battre. Sans doute ici plus qu'ailleurs, le handicap des compétiteurs est absolument imperceptible et la fusion entre le cavalier et sa monture est impressionnante, au point que je me pose cette question : existe-t-il une différence de performance entre cavaliers et paracavaliers ? La réponse est forcément oui, mais amener le spectateur à se le demander est une performance en soi.

Le lendemain, le 8 septembre, il faut se résoudre à ce que ces Jeux paralympiques quittent Paris. C'est une cérémonie d'adieu, donc, à laquelle je vais assister au Stade de France. Pour ce moment critique, la première barrière de contrôle est constituée d'agents des forces de l'ordre et non de simples agents de sécurité. C'est bien l'heure des bilans, et les organisateurs ne s'y sont pas trompés en diffusant sur grand écran les moments forts, qu'il s'agisse des victoires ou des regrets. Le Stade de France est absolument bondé. Comme pour la cérémonie d'ouverture des JO, un bon son disco de boîte de nuit fait appel au corps, au rythme, au mouvement : tout le monde bouge. La série de standards interprétés en direct sur scène est inaugurée par une interprétation électrisante et de circonstance de « Vivre pour le meilleur », de Johnny Hallyday, par la chanteuse Santa. Surtout pas de temps mort, les transitions sont elles-mêmes des spectacles, avec des vidéos courtes. La musique populaire est de mise – comme pour la cérémonie d'inauguration – et Aznavour, Dalida, Vangelis et Desireless sont convoqués. Le passage musical se conclut par *La Marseillaise*, interprétée par un trompettiste manchot, André Feydy. Le discours de Tony Estanguet, à l'instar de celui inaugural d'Andrew Parsons, est inspiré. Il y salue, à juste titre, la révolution de l'inclusion et le lien très concret que tissent les émotions partagées tous ensemble, une France en accord avec elle-même. Il nous invite à continuer d'oser et ajoute que cette édition, la plus spectaculaire de tous les temps, constituera une référence pour les Jeux paralympiques futurs. Un sentiment de fierté nationale traverse visiblement l'assistance ; un sentiment patriotique à la fois fort et paradoxal dans cette manifestation la plus internationale au monde. Après le défilé des médaillés français, un moment d'allégresse et de fierté nationale, un hommage est également rendu aux volontaires, formidables de bienveillance tout au long de ces jeux (on se serait cru en Angleterre, réputée pour son civisme…). On sent que la fin approche : le couple de musiciens malien non-voyant Amadou et Mariam interprète un « Je suis venu te dire que je m'en vais » revisité, annonciateur d'un adieu redouté. Mais ce n'est pas pour tout de suite : on attend encore l'extinction de la flamme. Et c'est l'émouvante médaillée d'or de boccia, Aurélie Aubert, qui s'en charge, sous une pluie battante qui nous rappelle la séance inaugurale des JO. La boucle est bouclée et, comme si les organisateurs avaient senti que nous ne voulions pas quitter la fête, un dernier verre nous est servi sous la forme d'une série de musiques électroniques interprétées en direct par leurs auteurs, tous français. Une affiche incroyable, avec Jean-Michel Jarre, Nathalie Duchêne, Alan Braxe, Cassius… bref, tout le gotha de la spécialité. Et nous continuons tous de bouger, à la fois joyeux et inconsolables de cette fin. Mais nous sentons tous confusément qu'il s'agit également d'un début : celui d'un nouveau traitement du parasport par les médias, d'un nouveau regard de la société sur les personnes en situation de handicap.

Tanguy de La Forest et Gaëlle Edon, un couple d'élite

L*e Monde* ne s'y est pas trompé en titrant dans son édition du 31 août : « Tanguy de La Forest décroche l'argent au tir à la carabine et la palme de la persévérance ». La ténacité est aussi l'une des qualités que lui prête Gaëlle Edon, son épouse, également paratireuse sportive – mais au pistolet – dans l'émission télévisée « Télématin » sur France 2, le 7 septembre 2024, alors que l'on demande au couple d'identifier trois qualités de son conjoint. Elle ajoute « patient » et « magnifique » après qu'il lui a accordé la beauté, le qualificatif « extrême ». Formidablement assortis et complémentaires, ces deux-là partagent, sans fard ni ostentation, à la fois leur amour l'un pour l'autre et l'amour du sport de (très) haut niveau. Gaëlle Edon, que nous suivons et accompagnons depuis trois ans à l'IPS, est elle aussi étonnante dans sa persévérance et sa prise de risque. Victime d'un AVC alors qu'elle était gendarme de haute montagne, elle n'a jamais rien lâché ; elle a depuis gravi le mont Blanc, le mont Kazbek et le mont Kenya, a refait du parapente et a adapté tout son matériel pour pouvoir retourner sur les glaciers en haute altitude ! En 2016, elle a créé un système pour faire de l'aviron d'un seul bras en autonomie complète et a déposé un brevet qui lui a valu le Prix de l'innovation. Elle a remporté les championnats de France d'aviron un mois seulement après avoir officiellement intégré la discipline ! En 2023, à Lima, elle a été vice-championne du monde. Si la médaille n'a pas été au rendez-vous pour ces Jeux paralympiques de Paris 2024, Gaëlle Edon a tout de même décroché une 5e place plus qu'honorable, qui confirme que c'est une athlète qui compte dans le très haut niveau international. Elle va poursuivre sur sa lancée, bien entendu, surtout vis-à-vis de son époux qui a participé en 2024 à sa sixième olympiade ! En 2017, celui-ci avait pourtant envisagé d'abandonner la compétition olympique, mais c'est aussi cette année-là qu'il a rencontré Gaëlle et, c'est bien connu, les énergies d'un couple ne s'additionnent pas, elles se multiplient. À Paris en 2024, dans la foulée de ses cinq titres de champion du monde acquis depuis 2022, il décroche sa première médaille d'argent paralympique au tir à la carabine à 10 mètres (catégorie SH2). Les Français et les médias ont unanimement salué cette détermination sans faille. Gaëlle et Tanguy forment un beau couple qui nous fait partager de belles histoires. Ne serions-nous pas un peu handicapés par rapport à eux ?

Philippe Fourny

Et après

Le label « Héritage des Jeux » et l'exemple de l'IPS

Par Philippe Fourny

L'Institut Parasport & Santé (IPS) développe une expertise à la fois médicale et sportive pour promouvoir et accompagner la pratique sportive des personnes en situation de handicap, auxquelles il est exclusivement dédié. Unique en son genre, l'IPS incarne ainsi singulièrement les valeurs de dépassement de soi portées par le mouvement paralympique, et ceci dans une perspective de long terme et de partage pour le plus grand nombre.

Un projet original promis à un bel avenir

L'Institut de Santé Parasport Connecté (ISPC), désormais Institut Parasport & Santé (IPS), a été créé en 2019 par le Pr Francois Genêt, chef de service à l'hôpital Raymond-Poincaré de Garches. Son objectif : accompagner les personnes en situation de handicap dans la découverte, la redécouverte ou l'intensification d'une activité physique, en créant des synergies entre le monde médical, le monde de la recherche et l'univers du sport. L'Institut permet ainsi un suivi personnalisé des personnes en situation de handicap et les para-athlètes, et construit une base de données unique des bonnes pratiques et des innovations technologiques dans le domaine du parasport.

Fondé sur le modèle hospitalo-universitaire, l'IPS est partenaire de l'Assistance Publique-Hôpitaux de Paris (AP-HP) et s'appuie sur les équipes de l'université de Versailles-Saint-Quentin-en-Yvelines (UVSQ). Il compte aujourd'hui une vingtaine de collaborateurs ; ils seront 90 à temps plein à horizon 2030, et s'appuieront sur un réseau de 14 000 hôpitaux de jour (HDJ) et déployés sur 8 000 mètres carrés d'un bâtiment en cours de construction sur le site de Bécheville, aux Mureaux. Le choix de ce lieu a été guidé entre autres par un environnement propice et durable, notamment du fait de la présence de

“

L’IPS crée des synergies entre le monde médical, le monde de la recherche et l’univers du sport.

structures de santé complémentaires proches (centre de rééducation des Sept Lieux, foyer d’accueil médicalisé Patrick-Devedjian et Oxygène Factory), et permettant de développer en parallèle le campus des métiers de la rééducation. Ce nouveau site concrétisera encore davantage cette mission de parasport-santé en combinant des espaces de consultation et des espaces de pratique parasportive.

La reconnaissance du label « Héritage des JO 2024 »

L’originalité de cet institut repose également sur son ambition internationale affirmée: l’IPS se positionne ainsi comme une référence pour la classification des athlètes parasportifs aux niveaux national et international. Associé aux Jeux paralympiques de Paris 2024, l’IPS est par ailleurs le seul projet d’infrastructure dédié exclusivement aux personnes en situation de handicap à avoir obtenu le label « Héritage des JO 2024 ». Ce label est né de la volonté de laisser une empreinte durable et vertueuse sur la société à l’issue de cette compétition internationale, dans une démarche exemplaire et collective. Les organisateurs ont formulé cette ambition en ces termes sur le site officiel de Paris 2024 : il s’agit pour eux d’« organiser les Jeux olympiques et paralympiques avec un nouveau modèle. Des Jeux ambitieux, spectaculaires, ouverts à la participation de chacun, mais aussi plus responsables, plus durables, plus solidaires et plus inclusifs.

Les Jeux de Paris 2024 sont une opportunité unique de créer une dynamique positive au service d’un nouveau projet de société. Stimuler l’émergence de solutions innovantes ou accélérer la mise en place de transformations durables sont autant de façons radicalement différentes de bâtir un projet tourné vers l’avenir et qui nous ressemble ». Parmi les 170 mesures du plan « Héritage des Jeux », la mesure 39 reflète la volonté de capitaliser sur cette compétition internationale pour, dans la

▲
Le 23 juillet 2024, à l’occasion de la pose de la première pierre du site des Mureaux, les équipes de l’IPS participent à des activités parasportives (ici, le Pr François Genêt).

> Les Jeux de Paris 2024 sont une opportunité unique de créer une dynamique positive au service d'un nouveau projet de société.

durée, « renforcer l'expertise relative à la pratique sportive pour les personnes en situation de handicap ». L'octroi du label à l'IPS consacre son ambition d'associer projet architectural, mission de santé publique et insertion sociale dans son action en faveur du parasport.

Ce programme unique, ambitieux et durable a valu à l'IPS d'être le seul site exclusivement dédié aux personnes en situation de handicap à bénéficier du passage de la flamme olympique, le 23 juillet 2024, trois jours avant l'ouverture officielle des Jeux olympiques de Paris. Lors de cette manifestation, organisée sous le haut patronage de M. le président de la République, des représentants des plus hautes instances de l'État, des collectivités territoriales et de partenaires publics et privés ont communié tous ensemble. Cette occasion a été choisie pour la pose de la première pierre du futur site de l'IPS, à Bécheville, aux Mureaux.

Récit d'une journée marquée d'une pierre blanche

Si l'Institut Parasport & Santé n'en était déjà plus au stade du projet depuis l'inauguration de l'unité parasport-santé à l'hôpital Raymond-Poincaré de Garches, au mois d'octobre 2021, il demeurait encore une promesse nébuleuse pour certains, jusqu'au mardi 23 juillet 2024. La pose de la première pierre du bâtiment qui abritera ce que nous appelions jusque-là notre « osni » (pour « objet soignant non identifié ») a ce jour-là retenu sa piste d'atterrissage sur le site de Bécheville-Les Mureaux. À l'occasion du passage de la flamme olympique, 400 invités ont pu découvrir des films prospectifs, commentés par notre architecte (construction 3D et visite virtuelle), et rétrospectifs, commentés par l'équipe de l'IPS (consultations suivies de la mise en pratique parasportive déjà réalisées au sein de l'IPS).

C'est donc cela, l'IPS ! Le doute n'est plus permis, il s'agit bien d'une réalité qui est en ordre de marche. Marie-Amélie Le Fur, présidente du Comité paralympique et sportif français, également membre fondateur de notre futur Institut Parasport & Santé, a insisté lors de cette rencontre sur l'héritage structurel et durable de l'IPS, sur l'importance de son action qui replace les professionnels de santé au cœur de l'accès au sport pour les personnes en situation de handicap, et le sport au cœur du projet de vie de ces mêmes personnes. Patrick Ollier, président de la Métropole du Grand Paris, a expliqué quant à lui en quoi son cœur et sa raison l'avaient poussé à soutenir financièrement cette implantation : si celle-ci est importante pour les Mureaux, elle l'est également

pour la France, car il s'agit d'un modèle unique au monde qui vise l'excellence et l'exemplarité, et constitue donc une source d'inspiration. Valérie Pécresse, présidente du conseil régional d'Île-de-France, a rappelé pour sa part que le soutien actif et varié de la Région en matière de parasport et de handicap se retrouvait parfaitement dans la mission de l'IPS, ce qu'a confirmé Marie-Hélène Aubert, vice-présidente du conseil départemental des Yvelines, à l'origine de ce choix d'implantation. Et Mme Fadila Khattabi, ministre déléguée chargée des Personnes handicapées de France de conclure en assurant que l'État apporte son entier soutien à ce projet innovant et exemplaire.

Avant ces propos louangeurs, tous les participants s'étaient recueillis dans une sorte de dévotion laïque devant le passage de la flamme olympique, agrémenté de spectacles de danse et d'acrobaties et commenté avec humour, finesse et précision par Michaël Jérémiasz, fervent soutien et partenaire de l'IPS, un Monsieur Loyal plein d'esprit en cette matinée pluvieuse. Ce courroux passager du ciel, prémices d'une autre inauguration, a permis aux convives de vérifier la prévenance des équipes de l'IPS qui tenaient à leur disposition des parapluies salvateurs.

Ce fut aussi une fan zone du parasport-santé où alternaient tout au long de cette matinée des démonstrations de boccia, parahockey sur gazon, basket fauteuil et escrime fauteuil, ainsi qu'un concert de rock dont le chanteur sénior appareillé ferait rougir le plus tonitruant des jeunes rockeurs d'aujourd'hui.

> « L'IPS, une réalité en ordre de marche.

Ce fut également la fan zone du Pr François Genêt, architecte de ce projet insensé né sur un bateau durant l'été 2017, en Bretagne : amis, collaborateurs, patients, partenaires publics et privés ont pu écouter son récit de cette épopée insensée et improbable. Comme toute épopée, elle ne peut naître sans élévation de la pensée et des hommes et femmes qui l'accompagne. C'est cette aspiration servie par une succession de rencontres qu'a narrée François Genêt.

Pour en arriver là, nous a-t-il dit, il lui a fallu d'abord rêver, puis convaincre et rassembler, mais également comprendre et aller de l'avant. S'interrogeant devant son auditoire sur le lien qui nous unissait tous ce jour-là, François Genêt nous a proposé de le définir par « paléocompassion » – un terme défini et proposé par Valérie Delattre, archéopaléontologue de la Fondation pour la recherche sur les administrations et les politiques publiques (Ifrap) – dans un discours qui a fait date : « Il existe de nombreux exemples de sépultures disséminées dans le monde qui permettent d'affirmer que le handicap a toujours existé. La présence d'au moins un aidant bienveillant auprès d'un congénère handicapé reste la seule explication de son âge suffisamment avancé au moment du décès, du fait même de l'impossibilité de survie seul à cette époque avec cette condition. Cette paléocompassion s'exprime par des rites spécifiques qui sont retrouvés ensuite au travers des siècles. Une des limites à la théorie darwinienne de la sélection naturelle, selon laquelle seuls les individus les mieux adaptés vont survivre et se reproduire, est qu'elle met en avant une certaine vision égocentrée de l'humain à laquelle on pourrait opposer celui qui s'occupe de l'autre. Ce dernier est à l'initiative de la création du vivre ensemble, et c'est donc lui qui fait "civilisation". Cela engage la survie de l'espèce par la création d'une communauté interdépendante. Ce qui reste commun à toutes les personnes qui sont en lien, de gré ou de force, avec le handicap, c'est aussi le besoin de l'autre et l'absolue nécessité de l'équipe. Et, souvent, cette équipe consent que chaque individu souffre de ses propres handicaps et a ses propres points forts (parfois bien cachés) ; elle sait que, parfois, le seul à pouvoir nous venir en aide sera celui dont on s'occupe habituellement. Et je crois que c'est le lien qui nous unit tous aujourd'hui, car je pense pouvoir tous vous connaître et je sais que, quel que soit l'apport de votre pierre à l'édifice de l'ISPC, futur IPS, vous portez ces mêmes valeurs d'entraide, d'effort collectif, de bien commun qui font civilisation. Une première pierre n'est qu'un début ! il y en a tant d'autres à poser... Pas des pierres parallélépipédiques, toutes semblables qui construisent des murs, mais des pierres aux formes uniques qui construisent des ponts. » Si nous avions été au théâtre, il y aurait assurément eu des rappels. Tout le monde a déjà réservé sa place pour la première, en 2026...

L'IPS remercie toutes les personnes présentes à cette inauguration : la ministre déléguée chargée des Personnes handicapées de France, Mme Fadila Khattabi, la sénatrice des Yvelines et vice-présidente du Sénat, Mme Sophie Primas, la députée de la 9e circonscription des Yvelines, Mme Dieynaba Diop, la présidente de la Région Île-de France, Mme Valérie Pécresse, le président de la MGP, M. Patrick Ollier, la vice-présidente du conseil départemental des Yvelines, Mme Marie-Hélène Aubert, la présidente de la communauté urbaine GPS & O, Mme Zammit-Popescu, le maire des Mureaux, M. François Garay, le président de TEGO, le général Gratien Maire, la présidente du CPSF, Mme Marie-Amélie Le Fur, le directeur du groupe hospitalier universitaire AP-HP-université Paris-Saclay, M. Christophe Kassel, le doyen de l'UFR Simone-Veil-Santé de l'université de Versailles–Saint-Quentin-en-Yvelines (UVSQ), M. Loïc Josseran.

“

Le besoin de l’autre et l’absolue nécessité de l’équipe sont le point commun de toutes les personnes en lien, de gré ou de force, avec le handicap.

« La relève » à l'INSEP le 22 mars 2024.

« La relève » : préparer le parasport de demain

Par Jean Minier
Directeur des sports du Comité paralympique et sportif français

Conscient de l'effet d'aubaine que constituait l'organisation des Jeux paralympiques à domicile pour le mouvement parasportif national, le Comité paralympique et sportif français (CPSF) a initié, dès 2019, un programme interfédéral de détection de talents. Ce programme s'appelle « La relève ».

Les Jeux paralympiques et la pratique de haut niveau mettent un formidable coup de projecteur sur la pratique parasportive, mais la portée de « La relève » dépasse largement cet événement national. Une dizaine de participant(e)s aux Jeux paralympiques de Paris ont certes bénéficié de ce programme, mais l'objectif de celui-ci est avant tout, dès sa création, de préparer l'héritage des Jeux de Paris, en engageant la nécessaire transformation à moyen terme de la pratique compétitive dans les fédérations paralympiques.

En effet, la compétition en parasport fait face à nombre de défis. Certains sont historiques, d'autres sont liés aux évolutions récentes de son écosystème.

Il est difficile, pour les pratiquants, d'une part, de savoir si leur situation de handicap est compatible avec les attendus de la compétition parasportive et, si oui, quelles sont les activités les plus adaptées à leur profil, leurs appétences, leurs acquis et leur situation géographique.

D'autre part les fédérations et leurs structures locales rencontrent également des difficultés à rentrer en contact avec les pratiquants potentiels, mais aussi à organiser un circuit de compétition attractif malgré la dispersion d'un faible nombre de compétiteur(rice)s entre différentes régions et différentes catégories d'âge, de genre et de handicap.

Il s'agit donc, pour le programme « La relève », d'apporter sa modeste contribution à l'accompagnement des personnes, tout en densifiant les circuits de compétition.

Ainsi, chaque année, à partir du mois de septembre, une centaine de personnes s'inscrivent à ce programme via le site internet du CPSF. Elles bénéficient ensuite d'un entretien de 30 à 45 minutes, en visioconférence, avec des représentants nationaux et locaux de notre comité. À l'issue de cet échange, chacun(e) repart avec une idée plus précise des possibles, tant en termes de pratiques sportives que de clubs d'accueil. Les personnes que nous jugeons nécessaire de revoir sont

ensuite invitées à participer à un événement de deux jours à l'INSEP de Paris, au printemps, afin de rencontrer les acteurs fédéraux et d'essayer quelques disciplines sportives.

Après cinq années de fonctionnement, nous avons réalisé quelques constats qui nous permettrons de faire évoluer ce projet.

Tout d'abord, il est regrettable de rencontrer, régulièrement, des personnes qui font état d'une longue errance sportive sans réelle possibilité de trouver un interlocuteur capable de les écouter et de les accompagner.

Il n'est également pas rare que les fédérations sportives n'aient pas la capacité d'offrir une solution de pratique de compétition adaptée à la personne que nous avons rencontrée, soit parce qu'aucun club de proximité ne répond au besoin, soit parce que le matériel nécessaire n'est pas disponible.

Enfin, certaines situations de handicap n'offrent aux personnes concernées qu'un éventail très réduit de pratiques compétitives compatibles avec un projet de performance. Il en va notamment ainsi de l'infirmité motrice cérébrale qui concerne, pourtant, un grand nombre de nos concitoyen(ne)s.

Forts de ces constats, nous allons poursuivre nos efforts pour communiquer auprès du grand public, et pour mobiliser et outiller les acteurs locaux susceptibles d'accompagner les personnes vers une pratique sportive. Il faudra, pour cela, intensifier le processus de sensibilisation et de formation des dirigeants et encadrants de clubs des différentes fédérations, et exercer une veille attentive aux potentiels « laissés pour compte » de nos organisations sportives et de nos circuits compétitifs. La nature du handicap ou la disponibilité du matériel nécessaire ne doit disqualifier personne dans l'accès au parasport.

Les jeux paralympiques de Paris ont été l'occasion d'une communion historique du peuple français avec ses concitoyens sportifs en situation de handicap. Sachons conserver cet élan le plus longtemps possible et transformer nos pratiques au bénéfice du plus grand nombre d'entre elles et d'entre eux.

Quant à celles et ceux chez lesquel(le)s ces jeux ont fait naitre une vocation de compétiteur, ils seront toujours les bienvenus sur le programme « la relève » du C.P.S.F.

> « La relève » permet aux personnes en situation de handicap de trouver un interlocuteur capable de les écouter et de les accompagner.

Pour en savoir plus

- https://www.ispc-synergies.org/
- https://www.handisport.org/
- https://france-paralympique.fr
- Rapport « Des Jeux Olympiques et Paralympiques à Paris et dans toute l'Île-de-France », préfet de la région Île-de-France, avril 2024.
- *L'épopée Paris 2024, l'histoire d'un incroyable défi collectif*, Paris 2024, Hugo Sport, avril 2024.
- *À corps perdus*, documentaire de Thierry Demaizière, Alban Teurlai, produit par Falabracks, diffusé sur France Télévisions le 20 août 2024..
- *Les Français et le sport, bâtir une nation sportive, le défi français*, Louis le Borgne et Pierre Rondeau, le cherche midi, novembre 2024.
- *Regards sur le handicap et le sport*, sous la direction de Philippe Fourny avec les regards croisés de Marie-Amélie Le Fur et Thierry Rey, le cherche midi, novembre 2022.
- « Activité physique et handicap », Actualité et dossier en santé publique, no 114, du Haut Conseil de la santé publique, professeur François Genêt, juin 2021.
- « Les Jeux paralympiques de Paris 2024 : une opportunité de santé publique ? », Institut Diderot, professeur François Genêt, Jean Minier et Philippe Fourny, retranscription des débats du 10 oct. 2019.
- *Refraiming disability ? media, (dis) empowerment and voice in the 2012 Paralympic Games*, Daniel Jackson, Caroline E.M. Hodges, Mike Molesworth et Richard Scullion, Routledge, 2015.
- *Handisport, Les Chroniques du mouvement, 1954-2015*, Fédération française handisport, avril 2016.
- *Homo erectus : le combat d'une profession*, Philippe Fourny, préfacé par Yves Coppens, le cherche midi, novembre 2011, prix Handi-Livres 2014, mention spéciale du jury.

Crédits photographiques

KMSP:
Pauline Ballet: pages 13, 26, 76
Fabien Boukla: pages 31 (Nélia Barbosa), 44
Vincent Curutchet: pages 31 (Lucas Mazur), 32, 42, 74
Didier Echelard: pages 6, 31 (Tanguy de La Forest)
Lionel Hahn: Couverture; pages 20, 25, 63, 68
Jean-Marie Hervio: pages 14, 31 (Hélios Latchoumanaya), 36, 79, 83
Yonathan Kellerman: pages 34, 84
Cédric Lecocq: pages 18, 20, 37, 64, 77
Benjamin Loyseau: pages 40, 80
Philippe Millereau: page 41
Marie Lopez-Vivanco: pages 31 (Aurélie Aubert)
Florent Perville: pages 10, 28, 29, 31 (Alexandre Léauté)
Grégory Picout: pages 31 (Tidiane Diakité), 38, 73

Cytisco:
Pages 46, 47, 48, 50, 53, 54, 55, 59, 60, 67, 70, 87, 89

France paralympique:
Page 31 (Clémence Delavoipière)
B. Boccas / CPSF: pages 92, 94, 95
CPSF / Y. Kellerman: page 22

FFH:
page 24

Adobe stock:
Paul Maguire: page 17
Florence Piot : page 16

Getty:
Tullio M. Puglia / Intermittent: page 55

Remerciements

Regards sur les Jeux Paralympiques de Paris 2024 est le troisième ouvrage de la collection « Regards sur... ». Cette collection n'aurait pu se concrétiser sans le soutien financier de l'Institut Parasport & Santé, du groupe Eqwal, de l'Agence nationale du sport (ANS), du CNOSF, de KLESIA, de l'association Tégo et d'IPSEN.

Gravure : Apex Graphic, Paris
Achevé d'imprimer en janvier 2025
par Laballery en France
Rue Louis Blériot
58500 Clamecy
ISBN : 978-2-7491-6233-1
Dépôt légal : février 2025
N° d'édition : M06233/01
N° d'impression : 411062